命綱を作っている
女性社長の仕事術

ミスを「成果」に変える

藤田尊子 株式会社基陽 代表取締役

自由国民社

まえがき

危険を伴う建築中の高層ビルで仕事をしている建設マンは、命綱をしっかり付けていることで、安心して仕事ができ、転落という取り返しのつかない大きな事故＝ミスは防げます。

しかし、一般のビジネスシーンに「命綱」はありません。

もし、オフィスワークにも「命綱」があったら、どんなに自信を持って仕事に臨め、致命的なミスを防いでくれることか。

そんなものがあったらいいなあ、と誰もが思うことでしょう。

仕事のミスを防ぐ「命綱の役目」。

実は誰でも手に入れることができます。あなたの中に眠っている「命綱」に気が付かず、使っていないだけなのです。

私は建設マンの安全を守る「命綱」を製造する会社を経営しています。その命綱は日本一多くの建設マンの声を聞いて作った製品です。

大切な命を預かる「命綱」(正式名称＝墜落制止用器具安全帯)には、ひとつのミスも許されません。


では、私や我が社のメンバーは一切ミスをしないのかと言えば、正直なところたくさんのミスを重ねて来ました。命綱を作る会社の社長の私もメンバーも人間です。どうしてもミスが起こってしまうのです。


ミスを起こすと人間は、またミスを起こしたらどうしようと委縮してしまい、仕事への積極的な姿勢が失われてしまいます。それでは人も会社も成長できず停滞してしまい、悪循環を引き起こします。

そうなったらメンバーも私も由々しき事態になりかねません。

リーダーである以上、メンバーが安心して仕事ができるように、どういう時にミスが起こりやすいかを分析し、ミスを未然に防ぐ工夫を重ねているうちに、何を一番大切にしたら、ミスが減り、成果に変わるかが見えてきたのです。

それはとてもシンプルなことの積み重ねでした。

その思考や方法によって、我が社の命綱は安全帯業界初の「グッドデザイン賞」を２０１４年、２０１８年と2度も受賞できました。

また、より良い製品づくりのためにはメンバーの働く環境がとても大切です。少しでもメンバーにとって仕事がしやすい環境はどんなものなのかを考え、改善を重ねていくうちに、２０１７年に内閣府主催「女性のチャレンジ賞」、２０１８年、２０１９年は社員の幸せと働きがい、社会への貢献を大切にしている会社と認められ、「ホワイト企業大賞特別賞」を受賞することもできました。

ミスを防ぐ方法と聞くと、いつでもピリピリと緊張の糸を張り詰めているようなイメージを抱かれるかも知れません。「命綱」を作っている私たちの会社は、さぞ堅苦しいイメージを持たれることでしょう。

そんなことはありません。会社にいらしたお客様は、まずメンバー全員が笑顔で挨拶することに驚かれ、会社の印象が想像と違ったとおっしゃいます。メンバーの発言が自由で活発なことも特徴でしょう。

我が社は、山陽新幹線の新神戸駅から車で約1時間、四季の彩りが美しい兵庫県三木市にある小さな会社です。

ミスを恐れず前に向かうことで、小さな会社から、何よりも大切で掛け替えのない、人の命を守る製品を、自信を持って世界に羽ばたかせることができるようになりました。

仕事のミスを防ぐことができれば、心に余裕ができ、安心して前向きに仕事に取り組めるようになります。すると不思議といろいろなことが好転し、そして……。

その先にある仕事の展開、人生を楽しみにしながら、この本を読み進めていってください。

藤田尊子

目次

まえがき …… 2

第1章 ミスが起きやすい魔の時を知る …… 15

ミスはなぜ起こるのか …… 16
どんな時にミスが起きやすい？ …… 18
ヒヤリハットする場合とは？ …… 23
あなたの仕事の「第一」は何ですか？ …… 25
後悔しなくていいミスもある …… 28
仕事の本質とは何だろう …… 30
コラム 建設マンから学ぶこと …… 32

第2章 ミスの注意信号はこうしてキャッチせよ　35

働く上で必要な能力とは　36
心と体の状態を知る　38
家を出る時は一度振り返る　40
通勤時間でルーティーンを作る　42
わずか1秒の挨拶があなたを変える　44
見た目から入るのもOK！　46
朝は3分の掃除・整理整頓から　48
仕事モードのスイッチを入れる　50
コラム　ここぞ一番のスイッチも用意する　53

第3章

ミスの芽を摘む仕事の進め方

ミスの芽を摘む仕事の進め方……55
基本の基を覚えていますか？……56
足を運ぶ……60
確認する……62
重要なことはダブルで確認する……65
記憶に頼らない……66
人間関係が「まあ、大丈夫か」を減らす……68
感情的になっても意味がない……70
時間と心の余裕を持つ……74
ひと手間の工夫が大きなミスを防ぐ……76
「休まないで頑張った」は褒められることではない……78
一人の時間を作る……81
集中力の持続には「楽しむ」時間を……83

コラム 先の先まで想像して「グッドデザイン賞」を受賞 86
コラム 「ホワイト企業大賞特別賞」を受賞して思うこと 90

第4章 ミスを防ぎ、成果を上げる意識づくり 93

「自分事」として仕事を考えてみる 94
目指す生き方を深掘りする 98
どんな仕事も一人の人間から 100
人間はミスをする生き物と認識しておく 102
物事は表裏一体と知る 105
「常識」「今までも」という思い込みを疑え 107
「〇〇のはず」という感覚は死角 109

言葉に出すことで、自分を律する……111
「後工程はお客様」と考える……113
小さな声を聞き逃すな……116
エンドユーザーの顔を思い浮かべてみる……118
コラム 私たちの会社のユニーク活動1 メンバー表彰……121
コラム 私たちの会社のユニーク活動2 委員会活動……124
第5章 ミスを防ぎ、成果を上げるチームワーク……127
一人でやる仕事などない……128
効き脳診断……131
自分で自分を決め付けないこと……133

お母さんメンバーに思うこと……135
仕事は仲間を信頼し合ってこそ……138
「ヤバいです！」と言い合える信頼づくり……140
何気ない姿勢がチームを変える……142
いろいろな人がいるから面白い……144
コラム 声に出す勇気、言葉で伝える勇気……147

第6章 ミスを防ぎ、成果を上げる改善のすすめ……151
ミスが起きるまでのプロセスに、改善ポイントがある……152
改善は「不便」「やりにくい」「困った」から始める……154
改善はミスを防ぐためだけのものではない……157
プチ改善貯金を続けるために……159

3つの視点で考える 161
視覚から改善する 163
誰が見ても分かるレベルの「見える化」を 165
整理整頓も「見える化」を意識する 167
失敗しても改善したことは良いことと認める 169
チームの改善活動は「ワイガヤ」で 171
メモを共有して意識レベルも「見える化」する 173
師匠をたくさん持って視野を広げる 175
コラム **私たちの会社の改善ポイント1　倉庫のショールーム化** 178
コラム **私たちの会社の改善ポイント2　不良品クイズ** 180
コラム **私たちの会社の改善ポイント3　不良在庫の「鬼退治」** 182

第7章

ミスが起きても、成果に変えていく方法

ミスが起きても、成果に変えていく方法……185
それでもミスが起きてしまったら……186
ミスの対処、どうしていますか？……187
仕事と仕事のつながりを見直す……190
ミスを共有して、一緒に改善する……191
悪魔のささやきではなく、神様のメッセージを受け止めて……194
すべては授かりもの……196
あとがき……200

第1章

ミスが起きやすい魔の時を知る

ミスはなぜ起こるのか

誰もがミスをしたくない、してはいけないと思っていますよね。それでもミスを一度も起こしたことのない人はいないと言い切ってもいいでしょう。

ミスを起こした時、多くの人はその対処に追われてしまって、原因を深く考えることが少ないように思います。ミスとは結果のこと。結果が出る前の過程に理由があるのです。

防ぐことはできない不可抗力のミスも起こることはありますが、本書では、防ぐことが可能なミスについて考えていきます。

ミスには次の理由が潜んでいます。それは、油断、慢心、過信です。

＊油断＝気をゆるめて、注意を怠ること

例文「相手が弱いと思って油断するな」

＊慢心＝おごり高ぶること。また、その心
例文「賞を取って慢心する」

＊過信＝価値・力量などを実際よりも高く考え、信頼しすぎること
例文「才能を過信する」

こういった心理に人間は、どうしても陥りやすいものです。今では信じられませんが、ひと昔前の建設マンは高いところでも命綱を付けずに作業をしていました。特にベテランは何が危険か熟知しているので、落ちるわけがない、高いところを怖がらず、命綱を付けずに作業できてこそ、ベテランの証。そんな気持ちを抱く人も多かったようです。しかし、とても悲しいことに、ベテランでも落下事故は起きてしまうのです。命綱を付けておけば防げたかも知れないのに、悲しい事故につながってしまったのは、油断、慢心、過信があったからだと考えられます。ご本人はそんな気持ちをけっして意識していたわけではないでしょう。

人間は知らず知らずのうちに、「油断」だったり、「油断・慢心」、「油断・慢心・過信」だったりと、さまざまな要素を絡み合わせ、それがミスという結果を引き起こしてしまいます。

この知らず知らず……という状況に陥らず、自分を知ることができたらミスは自然と減っていくのです。

どんな時にミスが起きやすい？

ミスが起きやすい状況というのがあります。なんとなく、皆さんも思い浮かぶのではないでしょうか？　昔からよく言われている４つから考えていきましょう。

1　初めて

新入社員の頃、新しい職場に移った時など、「初めて」の環境では緊張感を持っため、誰もが慎重に行動するものです。しかし、何もかもが初めての環境で、何事もすぐに器用にこなすのは難しいので、どうしてもミスが起きる可能性は高くなります。

初めて覚えることばかりですから、すべてがすぐにベテランの域には達しないのは当

図１：現場入場経過日数別・災害発生状況（平成27年）

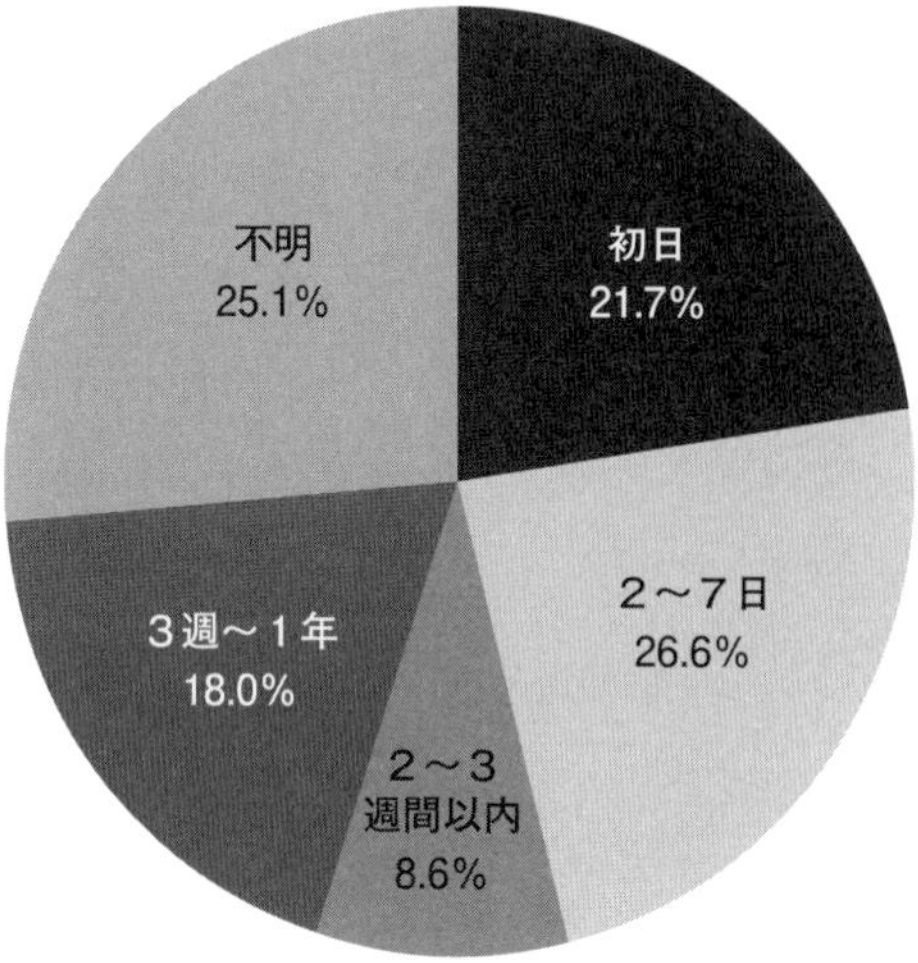

出典：建設業労働災害防止協会編
「平成30年度版 建設業 安全衛生早わかり」より作成

然で、それが「ビギナーズリスク」です。
「一生懸命頑張ったのに！」という気持ちとは別問題でどうしてもミスは起きやすいのです。

建設現場では、ミスは自分の命と直結しているので、他の業界よりさらに緊張感が高いのですが、それでも残念ながら最初の1週間で事故が起きる確率が高いという数字が出てしまっています。（図1）

2 変化・変更

「変化・変更」も、それ自体を初めてやるのですから、ビギナーズリスクと同じくミスが発生しやすくなります。また、社会人経験があると、ある程度自信があるので、ビギナーほど慎重に、謙虚に取り組まなくなる傾向があります。そんな油断や慢心、過信を含んだ心理状態で「変化・変更」に向かうのは、気が緩んだ新人のようなもの。ミスが起きやすいのは当然です。

3 久しぶり

「久しぶり」の仕事には、「前に経験したことがあるから、大丈夫」という気持ちが生まれ、緊張感が薄れます。その上、時間の経過があるので、勘も鈍って、すぐに以前のクオリティを取り戻すのは難しいはずです。
経験済みも慢心や過信が生まれやすく、その上、ビギナーズリスクの要素も含まれるのですから、「久しぶり」にミスが多くなるのも納得できます。

4　慣れ

これは先に紹介したベテランの建設マンでも落下事故が起きるように、油断、慢心、過信によるミスのことです。長年仕事をしていると、どうしても「慣れているから」という気持ちが緊張感を失わせてしまいます。何でも分かっているという、慢心や過信が生まれ、慣れているほど、気軽に作業をしてしまいます。そして、細かく気を配ることを無意識に怠ってしまい、ミスが生まれやすくなるのです。ベテランのヒューマンエラー、それは長年努力してキャリアを積み重ねてきただけに、とても後悔が残る、もったいないミスとなります。

また、鎌倉時代の随筆家・吉田兼好が書いた『徒然草』に「高名の木登り」という逸話があります。それはこんな話です。

木登りの名人が、他の人を使って高い木の梢を切らせた時、木のてっぺんで危ない作業をしている時は、ひと言も声をかけませんでした。ところが、作業が終わって軒下くらいの高さに降りて来た時に「危ないから気を付けなさい」と声をかけたのです。

なぜ、木登りの名人は高いところではなく、低いところで声をかけたのでしょうか？　それは、木を切る人は、高いところにいる時、自分の命が危ないことを自覚していて、怖くて震えるほどの緊張をしているからです。そんな時は事故が起こりにくいのですが、木から降りてきて、もうすぐそこに地面が見えている時に油断や過信が生まれ事故が起きやすいからです。

あなたのオフィスでもそれぞれ思い当たることはありませんか？

これらのシチュエーションを考えると、けっきょく誰にでも、どんな状況でもミスが起こりやすいということが分かります。初心者でもベテランでもミスは起こってしまうのです。

そう考えると、ずーっと緊張していないといけないのかと、重い気持ちになるかも知れませんが、そういうことではありません。常にピリピリしたアンテナを張っていては逆効果ですし、それは人間には無理なこと。

まずは、仕事に向かう前提として、自分は人間だから、ミスを起こしやすい生き物なのだと自覚をすることが大切なのです。そう思うと、少し謙虚な気持ちが生まれませんか？　謙虚さを持てば、慢心、過信する気持ちも抑えられます。

そんな意識の変化から、だんだんとミスが起こらなくなり、できるビジネスマンに変わっていくのです。

ヒヤリハットする場合とは？

ミスが起きた後に、原因を考えてみると、さまざまなことが思い浮かぶでしょう。あの時ああしておけばよかった、こうしておけば防げたのにと、後悔することが山積みになりますよね。また、ミスにつながるような、ヒヤッとしたり、ハッとした経験は幾度もあると思います。

「ハインリッヒの法則」をご存知ですか？　約１世紀前、アメリカの損害保険会社の安全技術者ハインリッヒ氏が統計的に導き出した経験則のことで、「1：29：300の法則」とも言われています。

1件の重大事故の背景には、29件の軽微な事故と300件ものインシデント（未然の事故）が潜んでいるというものです。日本ではこの法則のことを、「ヒヤリハットの法則」とも呼びます。

この法則に当てはまる経験を皆さんは体験していることでしょう。私もその一人です。言葉のとおり、大きな事故につながるような、ヒヤッとしたり、ハッとしたりする未然の事故のことを指します。

ヒヤリとしたり、ハッとしただけで済んだのなら、仕事が滞ったとしても、そこで問題が発覚し、大きなミスにつながらずに済んで、幸いとも言えます。しかし、一番気を付けたいのは、ミスという結果になる前の表面化していない原因です。

「ハインリッヒの法則」に基づき、交通事故、航空事故、医療事故などのリスクに対してはそれぞれの業界で、大事故を防ぐための「安全対策」が行われています。安全対策もしていない状態では危険や事故のリスクをたくさん抱えているわけです。一方で、多くの人はミスをしてはいけない、ミスを起こしたくない、気を付けなくてはと思いながら、安全に仕事を進めるための具体策を考えず、ただ漠然と仕事をしているのではないでしょうか？

「1：29：３００の法則」の数字からも分かるように、どんな仕事にもミスが起こるリスクは必ずあるのです。それを背負ったまま仕事を進めていくのは、まるで建設マンが命綱を付けずに高い所で作業をしているのと同じだと思いませんか？

自分はそんな状態で仕事をしているのかと思うと、ミスがさらに怖くなる？　いえいえ、そんな心配は要りません。

あなたはオフィスワークでの「命綱」の存在に気が付いていないだけですから。

その命綱はあなたが自然と身に付けていることもあれば、チームワークの力が命綱になることもあります。オフィスワークでの命綱は1本あれば安心というものではありません。あなた自身が綱を何本も何本も編んでいくうちに、太く強い綱になって、あなたを守ってくれるようになります。

あなたの仕事の「第一」は何ですか？

建設現場に掲げられている「安全第一」の標語、それは誰でも目にしたことがあるでしょう。

危険が伴う仕事場では、安全の確保があってこそというのは今や常識。一番目立つところに書いてあることに疑問を持つ人はいませんよね。

オフィスワークのビジネスマンは、身の危険まで意識することはほぼないので、仕事における優先度の第一を「安全」と考える人はまずいません。第一に考えるのは生産性や、納期ではないでしょうか。

でも、私はオフィスワークでも「安全」、つまり、あなたが安心して仕事に取り組める環境づくりを第一に行動することをおすすめします。

今から遡ること約100年、「安全第一」(safety-first)という標語は、アメリカで生まれました。アメリカが不景気に見舞われていた1900年代初頭、劣悪な作業環境や危険な業務が蔓延し、数多くの労働災害が発生していたそうです。

そんな中、世界有数の製鉄会社、USスチールの社長が、そうした状況を憂慮し、**「安全第一**、品質第二、生産第三」

という方針を掲げたのです。

もともとUSスチールでは、

「**生産第一**、品質第二、安全第三」

の方針だったのが180度の転換です。

これを徹底したところ、災害発生件数が減少したのはもちろんのこと、安全に気を配る分、品質や生産性が低下するのではないかという予測に反し、製品の品質も生産性も向上したのです。

なぜなら、それまで整備が不十分な設備などで、労働者は落ち着いて作業に取り組める環境ではなかったのが、「安全第一」の方針で災害に巻き込まれない、安全で安心して作業に集中できる環境になったことで、品質も生産性も自然と高められるようになったからです。

オフィスワークも同じです。目に見えて評価されやすい、生産性、納期の厳守ばかりに労力を注ぐ前に、余計なことに気を取られず、安心して仕事に取り組める環境づくりを第一に行動してみてください。

具体的には自分自身の体調管理から始まり、余計な気や手間を取られない仕事のシステムづくりなど、建設現場における「安全第一」の部分をしっかり固めることで、ミスは自然と少なくなり成果に結び付いていきます。

後悔しなくていいミスもある

ミスとひと口に言ってもいろいろなミスがあります。ミスを起こしてしまったら本気で反省は必要です。でも、反省はしても後悔しなくていいミスもあります。

それは挑戦によるミスです。挑戦なくしては、人間の成長はありません。やってみなくては何事も分からない。それがたとえミスという結果になったとしても、そこまでのプロセスがあなたを成長させてくれています。

本書を読んでいる方は、ミスをしてしまい、自信を持てずにいる方が多いと思います。ミスが怖いから、ミスを起こしたくないから、あえて新しいことを避けるという選択肢を選ぼうとしていませんか？「ミスを避けるため」ということは一見、賢明な選択のようですが、私はもったいないと思います。

挑戦のプロセスの中で、新しい体験、新しい人との関わりが広がっていきます。どんな経験にも無駄などなく、成長させてくれる学びがあるからです。挑戦のプロセスの中で、嫌な人に巡り合ったとしたら、それは反面教師にすればいい。結果、遠回りしたように思えても、その道のりで見た風景の中に次のヒントになるものがきっとあります。行動することで生まれるものはたくさんありますが、行動しなければそれまでです。

「継続は力なり」という言葉は、同じことだけをただ繰り返して、極力ミスを避ければいいという意味ではありません。継続で得た力や発見を次につなげ、行動をするからこそ、その力が生きてくるのです。

ミスをして「ああ、やってしまった！」と心は乱れます。ミスが怖くないかと言えば嘘になります。それでも私はミスを恐れず挑戦、行動することを選びたいと思います。残念ながらミスという結果となっても、その経験が、自分自身の命綱を太く強くしてくれていると信じているから。そう信じられる根拠は何もありません。でも、自分で自分を信じられない人を誰が信頼して一緒に仕事をしたいと思ってくれるでしょうか。まずは自分を信頼して、ミスを恐れず一歩踏み出してみませんか？

仕事の本質とは何だろう

仕事におけるミスの要因について、皆さん、だいたい頷いてくださったと思います。

さて、仕事とひと口に言いますが、あなたにとっての仕事とは何でしょうか。

人間は食べないと生きていけません。そのためにはお金が必要ですから、前提として多くの人にとって、仕事は生活のための稼ぐ手段だと思います。私もその側面は当然あります。

生活を支えてくれる仕事があること自体、まず、ありがたいことですよね。世界には職にさえありつけず困難を強いられている人がたくさんいるのですから。

働くことを、仕事を志すこととして「志事《しごと》」と捉えている人もいますし、傍を楽にすることとして「傍楽《はたらく》」と考える人もいます。

私は「仕事」をこんな風に捉えています。

・携わっている以上、その仕事の最大の成果を目指すこと

・その仕事の目的を見据え、判断すること
・その仕事の経験を通し、自分の成長を目指すこと
・その仕事は、自分だけではなく、たくさんの人で成り立っていると認識すること

人それぞれだと思いますが、私はこう考えると、俄然、やる気も責任感も湧くタイプです。それが仕事の本質であり、仕事の面白さ、楽しさになると思っています。

本書には「本質」という言葉が多々出てきますが、このような私にとっての「仕事」がベースになっています。

皆さんも、まずは仕事を通し、自分自身がどうありたいかを考えてみませんか？

コラム　建設マンから学ぶこと

私たちの会社の製品は、多くの建設マンにご使用いただいています。しかし、私は今の会社に入るまで、建設現場、建設マンを特別意識したことはありませんでした。自分が生活する上で遠くに感じていることは、街を歩いていても不思議と目に付かないものですが、一度自分が関わると、急に目に入るようになることがありますよね？

今の仕事に就いてからは、世の中にこんなにも建設現場があるとは！　と、どこへ行っても建設現場を見かけないことはないほどの多さに気付き、とても驚きました。

それから、建設現場があると、自然に目がいくようになりました。猛暑の日、極寒の日、悪天候も関係なく、建設現場は操業しています。建設現場と言っても、さまざまな目的の現場がありますが、どこの現場も重機をはじめ、たくさんの種類の道具や工具があり、そこをたくさんの人が行き交っているのに、整然とした印象を受けます。建設マンは真剣な表情でそれぞれの役割を黙々とこなしていますが、危険と隣り合わせで緊張感を持ち仕事に取り組む表情は、実に輝いています。

私は現場に足を運んだ際、建設マンとお話しさせていただくのですが、どちらかと言えば寡黙な方が多いです。その少ない言葉の中から、プロフェッショナルとしての魂が伝わってきます。ある建設マンの言葉は、私の仕事の指針となりました。

「現場はお客様からの預かりもの。工程表をキチッと見て、与えられた役割を速く正確に進める。それが当たり前。そして、せっかく縁があってお預かりしたんだから、さらに良くしてお返しするのが俺の仕事だよ」

これぞ、建設マンの心意気です。カッコいい！　としか表現できません。

そして、建設マンがどれほど世の中をカタチ作って、人間を快適な暮らしに導いてくれているのか。仕事の縁で、建設現場を少しずつ知ることで、建設マンに深い感謝と好意を抱くようになったのです。

自分が携わるものが変わると見えるものも変わります。建設マンの言葉や、建設現場からたくさんのことを学ばせていただきました。仕事でたくさんの人と接し、経験させていただくことで、新たな思いを抱くようになる、それも仕事の面白さの一面ではないでしょうか。

第2章

ミスの注意信号はこうしてキャッチせよ

◎働く上で必要な能力とは

ずっとミスを起こさず仕事をする完璧な人間。そんな人は残念ながらいないでしょう。人間ですから大なり小なり、ミスを起こしてしまいます。それでも、「仕事ができる」と言われる人は、ミスへの捉え方が違うように感じます。

「仕事ができる人」＝「高学歴のエリート」だけを指すのではないことは、皆さんご承知でしょう。学歴はまったく関係なく、仕事ができる能力が高い人はたくさんいます。それは、単に知識量が多く、記憶力に長けているというような能力ではありません。「人間力」が高いのです。

私たちの会社では、働く人の基本として「人間力」を定義しています。会社は働く人たちの人間力によって支えられていると思っているためです。また、一人、二人が飛び抜けて優秀でもダメで、メンバー全員の総合力によって会社は成り立っていると考えています。

私たちの会社で理想とする「人間力」は、次の5項目を基盤としています。

1　心と体の健康の安定と維持ができる意思能力
2　愛のある人間性を発揮できる能力
3　自発的に学び、前向きに取り組み、本気で解決する能力
4　世のため、人のため、自分の力を生かそうと行動する能力
5　あるべき姿を描き、自発的に課題形成する能力

この5つの人間力、もしすべて備わっていたら、自分自身も会社もとても幸せな環境でいられるでしょう。しかし、これをすべて身に付けるのは、なかなか大変です。私自身、まだまだだと日々感じています。

それでも、メンバーと一緒に、これらの人間力を目指すことに意味があると思っています。

これらの人間力の基礎があれば、油断や慢心を自ら防ぎ、ミスが減り、成果を上げることができるでしょう。

まず、「人間力」の1番目、「心と体の健康の安定と維持ができる意思能力」を考えてみましょう。心と体の健康、これを特に若い人は、体力で補ってしまう分、後回しに考えがちです。しかし、まず心と体の状態を自分で知ることから始まります。

心と体の状態を知る

なぜミスを起こしてしまったのか振り返ってみると、あの時、気が付いていたら……と思うことが多々あるでしょう。
そう、「あの時」、実はサインは出ていたのです。

仕事とは、プロフェッショナルな作業です。それに対して報酬をいただくわけですから、心身ともに万全の状態で臨むべきです。でも、実際のところ、多くのオフィスワークの場合、ひとつのミスが命を奪うような結果にはつながらないので、真面目に仕事に取り組んでいても、それほど高い意識を持たないままオフィスに行って仕事をし、終わったら帰るの繰り返しになりがちです。

準備不足、確認不足、見逃しなどがミスという結果を引き起こします。そんなことはビジネスマンなら分かっているはずですが、毎日のこととなると、それを深く意識しないまま仕事をしている人が多いでしょう。まさに油断、慢心、過信などから生まれる危険信号です。

むしろ、体調がすぐれない時は、不注意になりやすいから気を付けよう、と意識的に、間違えないように注意を払うかも知れません。

でも、体調が悪いと自覚がない日でも、ちょっとだけ自分自身の体調に気持ちを向けてみると、想像以上に自分のコンディションの違いが分かるものです。

少し心が弱っていたり、焦りがあったり、疲れていたり……。そんな日が続いても、当たり前に仕事に行くうちに、だんだんと体調に鈍感になってしまいます。それに気が付かないままでは、一定のコンディションを保って、毎日仕事をするのは自然の摂理で難しいことなのです。

まず、何事も自分自身から始まります。その自分のコンディションを自分が分かっていない状態で仕事をするのは、ミスのリスクがあるということです。体調に神経質になりなさい、という意味ではありません。まず、自分を大切にする意味で、自分の心と体の声を聞くこと。それが、ミスなく、自信を持って仕事ができる第一歩です。

自分のことは誰よりも自分自身で大切に労わって、ミスから守ってあげましょう。寝ている時も、起きている時も、心と体はいろいろな声を発しています。

家を出る時は一度振り返る

何事も余裕を持って……。これは常識的な話ですが、毎日のこととなるとなかなかできない、大変、それが大半の人の心情でしょう。私もとても毎日は、朝から余裕を持って生活できていないのが正直なところ。もちろん、余裕を心がけてはいますが、365日、余裕を持つのは難しいと実感しています。

朝起きて、家を出るまでの時間を、最初からギリギリに設定している人は少ないと思います。たとえば、準備に余裕を持って、出かける1時間半前にスマホのアラームをセットしておいたとします。それでも、疲れていて体が動かず、アラームが鳴ってから10分後にようやく起きた↓　すぐに朝食の準備をしないといけないのに、体がシャキッとしないので、テレビの前でしばらくボーッと座ってしまった↓　会社の人間関係を思い出すと気が重くなり、ついダラダラしてしまい身支度にいつもの倍も時間がかかってしまった……など、余裕を持って朝起きようとしたにもかかわらず、その日の調子次第で、どんどん予定が変わってしまうものですよね。

そして、もう家を飛び出さないと、仕事に間に合う時間の電車に乗れない、いざ出発！　となった時の、あなたが出かけた後の家の中を思い浮かべてください。

パジャマは脱ぎ捨てたまま、食器を洗う時間もなくシンクに置きっぱなし、脱いだスリッパは乱雑に置かれたまま……というような状態になっていませんか？　それは、その日の注意信号です。余裕を持つはずが、パジャマを片付ける、食器を洗う、スリッパを揃えて脱ぐ、こんな簡単なことができないほどギリギリになってしまった日は、コンディションが良いとは言えません。

そんな状態で出勤した日に、モチベーション高く、クオリティの高い仕事はできるでしょうか？

お寺の玄関でよく見かける「脚下照顧」という立て札。その意味は、自分の足下を見て、自分の置かれた立場や自分自身の状態を見よ、つまり自分を顧みる大切さを説いた言葉です。「靴を揃えて脱ぎましょう。玄関で靴を揃えることなく、脱ぎっぱなしにするようでは、心が乱れています」ということになります。

あなたが朝、家を出た時の様子、それは「脚下照顧」と同じ意味を指しているのです。

私は家を出る時、せめて振り返る時間だけは持つようにしています。もしもその日、スリッパが少しでも乱れていたら、余裕が無くなっている証拠です。「1日気を付けよう」。そんな風に思って、仕事に向かっています。

通勤時間でルーティーンを作る

自分のコンディションを確認しないまま仕事に行くのは、安全確認をしないまま飛行機を飛ばすようなもの。ミスのリスクを抱えていることを知らないまま仕事をすることになります。

そこで、ミスが起きやすい時の注意信号を通勤時間にキャッチする簡単な方法があります。それは、あなただけのルーティーンを作ることです。

たとえば、毎朝、駅ではエスカレーターを使わないと決めます。階段を使っていると、軽々と昇り降りできる日もあれば、体が重くエスカレーターを使いたいと思う日もあるはずです。

また、コーヒーが好きな人は、オフィスに入る前に、コーヒーを飲むと決めます。美味しいと感じる日もあれば、飲みたくない日もあるでしょう。

毎日、ちょっとしたルーティーンを行うことで、体が重い日、気が進まない日、気分が沈んでいる日など、その日の自分のコンディションを知ることができます。「仕事に行く」という行動は毎日同じでも、自分のコンディションは毎日ずいぶん違うことを実感できるはずです。

どうもコンディションが良くないと感じる日は、それを前提に仕事に向かえば、ミスを起こさないよう、いつもよりもっと意識することができます。

一流のスポーツ選手が試合に入る前に、同じ物を食べたり、同じ仕草をしたりルーティーンを行うのは珍しいことではありません。それは一般的には縁起担ぎと言われていますが、体調が何よりも大切なスポーツ選手が、自分の体の声を自然と聞いて調整に役立てていると考えられます。

わずか1秒の挨拶があなたを変える

「おはようございます」「こんにちは」「おつかれさま」「さようなら」。あなたは挨拶をきちんとしていますか？

社会人ならば、当たり前のように口にしていることでしょう。ところが、この「当たり前」が、無意識になってしまっている場合が多いのです。

出勤したら、誰かがいたので、なんとなく「おはようございます」と口にする。

退社するのだから、なんとなく「さようなら」と口にする。

挨拶するための「言葉」には「葉」という字が付いています。ヒラヒラと葉のように舞って人に伝わるから言葉です。口にするだけでは相手に伝わりません。

挨拶していないわけではないのだから、いいのでは？　と思う方、せっかく挨拶しているのに、それではとてももったいないことになっています。

挨拶の基本は、子どもの頃に教えられた通り、「人の目を見て、気持ちを込めて」

です。

社会人1年目の時は誰もが積極的に人の目を見て挨拶を行っていたでしょう。今では単に口にしているのなら、社会人としての初心を忘れてしまっているということ。それ自体が慣れによる油断で、ミスを引き起こす注意時期とも言えます。

挨拶はわずか1秒のことです。その1秒に、目を見て言うことすら面倒に感じる場合、あなたは疲れていてモチベーションが下がっていたり、人とのコミュニケーションが億劫になっていたりするのかも知れません。挨拶は心のコンディションを反映しています。

また、わずか1秒から、実にたくさんのことが生まれます。目を見ることで、相手のコンディションも分かります。目を見てくれないほど疲れた顔をしているとしたら、それはその人のコンディションが良くないサイン。一緒に仕事をする仲間ならミスを起こさないようケアができるようになります。

また、目を見て挨拶してくれる人をあなたはどう思いますか？　やはり気持ちがいいですよね？　そこに口角を上げることを意識し、笑顔をプラスしたらどうでしょう。

仕草や表情はだんだんと人を形成していくものです。あなたもそんな挨拶をすることで、自然と前向きな人間に変わっていくはず。するとあなたの周りには心地いい風が吹き始めるでしょう。

見た目から入るのもOK！

毎日のことですから、無意識にいつものスーツを着てオフィスに足を運んでいることはありませんか？　誰が見ているわけでもなし……、お洒落したって……。そんな気持ちになっている場合は、ミスが起きやすい注意信号です。社会人になりたての頃、誰もがファッションにも気を配っていたと思います。会社の中で浮かないか、お客様から派手に思われないか、そういう意識は仕事の志気につながっています。

オフィスは報酬をもらうプロフェッショナル集団が働く場所、つまり、オンステージ。アーティストで言えば、ライブ会場です。突拍子もない例えのようですが、考え方は同じではないでしょうか？　アーティストは衣装もこだわります。自分が好きなデザインのモチベーションが上がる衣装、ファンが喜んでくれる衣装、たとえ普段着を着ているように見えても、それは計算されたプロならではの演出です。そして、衣装を含め、最高のパフォーマンスを披露して、お金を得ているわけです。

ビジネスマンも毎日オフィスというステージに登場するのですから、ファッション、身だしなみに今までよりも気を遣い、仕事に対する意識をもっと高めてみませんか？スポーツ選手がユニフォームを着るだけで、意識が高まるという心理も同じです。

銀行マンはパリッとしたスーツに身を包むことで、金融という信用・信頼が第一の仕事への意識を高め、心を整えています。大事なお金はクタクタで着古したスーツの人より、パリッとした清潔感のある銀行マンに託したいと誰もが思うように、身だしなみは大きな力を持っています。

わざわざ高価なものを身に着けなさい、ということではありません。仕事の相手が何を求めているのか考え、仕事の質を高めるために、自分の気持ちも上げていくことが大切です。そのためには、ヘアスタイルを整え、清潔でアイロンがピシッとかかった洋服に身を包めば自分も気持ちがいいし、まわりの人からの好感度も上がります。また流行のお洒落なデザインの服も最近は安価で手に入る時代です。自分がカッコいい、素敵と思う服を着ていればそれだけで、自信が持てるようになります。

ファッションや身だしなみをちょっと変えるだけなので、すぐにでも試してみる価値はあるでしょう。

しかし、人間というのは、これまた「慣れ」が出る厄介な生き物です。毎日、毎日同じテンションの服装や身だしなみだと、また慣れてしまって意識が停滞してしまう恐れがあります。たとえば、重要な商談の時やプレゼンの時などメリハリをつけることも大切です。「勝負服」に身を包むだけで意識が高まります。セルフプロデュースをして、自分の意識が高まるようコントロールするのです。

仕事のために身だしなみを整える。それだけでも仕事への取り組み方が変わり、いつの間にか好感度の高い「仕事ができる人」に変わっています。

朝は3分の掃除・整理整頓から

朝、オフィスのデスクに座ったら、すぐにパソコンを立ち上げて、そのまま仕事に入っていませんか？　大企業の場合、清掃業者が始業前までにフロアの掃除をしていてくれるので、掃除の必要はないかも知れません。でも、清掃業者は、一人一人のデスクの上の細かいところまでは掃除をしていないはずです。

建設現場では、朝の掃除・整理整頓は基本の基です。危険が伴う仕事場が雑然としていては、事故につながる危険の芽を発見しにくいのはもちろん、効率的に作業が進みません。つまり、掃除・整理整頓はその日1日の安全確認なのです。

オフィスワークでは直接自分の命に関わる事故が起こることはまずないので、そういう意識はどうしても希薄になりますが、朝、デスクの周りを掃除・整理整頓する時間を3分だけ作りませんか？

デスクの中に、使い捨てのお掃除シートを入れておき、さっとパソコンの画面や裏側のホコリを取ったりするだけでも気持ちがいいものです。デスクの端に積まれた書類をさっと整理すれば、不要なものも出てくるでしょうし、うっかり忘れていた案件を発見できるかも知れません。パソコンの中も整理整頓しましょう。メールボックスに、下書きのまま送信し忘れているメールがないか確認し、要らないデータは消去します。

共有のストレージの周りもさっと整理します。すっきりと使いやすくなる上に、そこに大切な資料が置き忘れられているのを発見するかも知れません。

これだけのことをしても3分とかからないでしょう。簡単な掃除・整理整頓をしてから本格的に仕事に入る。それだけで、心がスッキリ、安心感が生まれ、自信を持って仕事ができるようになって、ミスはどんどん減っていくはずです。

そして、デスクが散らかっている人、整然と片付いている人、あなたはどちらの方に信頼を置き、好感を持ちますか？　ちょっとした行動が、あなたの評価もプラスに変えていくのです。

仕事モードのスイッチを入れる

朝礼がない会社も多いかも知れませんが、私は朝礼を大切に考えています。

私たちの会社では、毎朝8時から、挨拶に始まって、発声練習、深呼吸、スクワット、体操をし、情報共有、そして最後に円陣を組んで「今日も、ご安全に！」と掛け声を出します。

仕事さえキチッとやればいいものを、なぜ、同僚と一緒に、大声で掛け声を出さなければならないの？　注意事項もメールで送ってくれれば済むのに、みんなで聞く意味あるの？　そんな声が聞こえてきそうです。

確かに、朝、会社に着いて、すぐに気持ちを切り替え、仕事を上手く回せれば、それでもいいかも知れません。でも、人間ってそんなに単純ではないし、強くもない。一人の力だけでは難しいと思っています。みんなでやるからこそ、意味が生まれ、効果が出るのです。

ハーバード・ビジネス・スクールの心理学者エイミー・カディ氏は、研究結果による「パワーポーズ」を提唱して人気を博しています。人間は堂々としたポーズを取り続けていると、だんだんと自信が持てるようになるそうで、形から入るのはとても有効なのです。

だとしたら、不承不承参加していたとしても、朝礼が終わる頃には、仕事モードにマインドが替わっているはずです。自分だけで、朝一番からシャキッと仕事モードに切り替えるのは、そう簡単ではないでしょう。

そして、毎日、仕事を始める前に、メンバー全員が顔を合わせると、あの人、昨日より元気がないな、顔色悪いな、など、なんとなくメンバーのコンディションが分かります。声を発して情報共有すれば、その担当者にとって、今、どういう状況か、緊急性など、メールではなかなか読み取れないニュアンスが伝わります。円陣を組んで大声で掛け声を出すことは、ちょっと恥ずかしいことかも知れませんが、一度試してみると、そこで仕事のスイッチが入ることが分かるでしょう。

仕事は、たった一人で完結するものは皆無と言っていいほど、すべてチームワークです。朝、仲間意識を高め、お互いのその日の調子を見ることで、フォローしたり、フォローされたり、それはミスを防ぎやすくするだけでなく、組織力を高めることになるのです。

コラム ここぞ一番のスイッチも用意する

私はカバンに、「塩」が入った小さい袋を入れることがあります。なぜ、塩なのか。日本は昔から、神聖なお供え物やお清めとして、神事、仏事には盛り塩をする習慣があります。商売をしている人が玄関や家の中に盛り塩をするのは、人寄せのための縁起担ぎとしての意味を持ちます。

私はその両方の意味を含め「塩」を持っているのですが、塩を持っていることは、気持ちを安定させる「心の鎧」のように感じています。そして、ここぞ一番！の時は、自分にとって特別な塩をカバンに忍ばせます。私たちの会社の人材育成コンサルタントの先生は、出張のたびに大きな塩袋を用意するそうです。塩を用意している段階から、日常との切り替えスイッチが入るのを感じます。

重要な仕事がある日は、いつもと違う、切り替えスイッチを入れるあなただけの方法を見つけてください。ここぞ一番の時には、必ずデスクの上に飾ってある大切なご家族の写真に語りかけるとか、特別なネクタイやアクセサリーを決めて、身に着けてもいいでしょう。自分にしっくりくる方法なら何でもOKです。

自分だけの鎧をまとうことで安心してスイッチを押すことができ、大切な仕事が成功し、いい効果が生まれやすくなるはずです。

第3章

ミスの芽を摘む仕事の進め方

基本の基を覚えていますか？

毎年4月になると、社会人1年生と分かるフレッシュな雰囲気の若者をたくさん目にします。彼らはこちらにまで緊張感が伝わってくるような表情をしています。ところが、数か月過ぎて、もう夏になる頃には、不思議と社会人1年生らしき面影は消えています。たった数か月で緊張が解けて社会に馴染んだということでしょう。

社会人になって、まず仕事は「報告・連絡・相談」を怠ることないよう、「ほうれんそう」として叩きこまれた経験がある人も多いはずです。それはミスを防ぐためのビジネスの基本の基だからです。

しかし、人間は社会人1年生のように順応性があると同時に、慣れにも弱いのです。社会人になって、数年もしたら「ほうれんそう」をわざわざ意識して仕事をしている人は少ないでしょう。新人でもあるまいし、そんな当たり前のこと……。それが、ミスを引き起こす油断、慢心、過信です。私は「ほうれんそう」に加え、「足を運ぶ」「確認する」ことも忘れてはいけない基本の基と考えています。

もう一度、ビジネスの基本の基を思い出し実行すると、ミスの芽が顔を出さなくなります。

・報告

「報告」はきっちり日報を提出するオフィスもあれば、一人一人の裁量に任されているところもあるでしょう。報告書を提出する場合は、情報共有がされやすいので、報告漏れによるミスは少なくなるはずですが、一人一人に任されている場合は、わざわざ報告書を書かなくて楽だ……などと思う時点で、ミスがすぐに顔を出すリスクがある状態です。

また上司に報告する一番の理由として、伝えておきさえすれば、自分の責任回避になるという発想の人がいますが、それは明らかに仕事の本質を見失っています。

報告は、その仕事に関わる人同士で情報共有をすることで、ミスの芽を発見しやすくするだけでなく、お互いの情報によって、その仕事全体をより良い成果に結び付けることが目的です。

報告を怠ってミスをした人で、「わざわざ報告するほどのことではないと思った」という理由を言う人がいます。もし、そんな気持ちになったら、自分自身に「その根拠は？」と問いかけてください。また「上司や同僚が忙しそうだったので、邪魔してはいけないと報告しなかった」という人もよくいます。それは本当でしょうか？　ただ報告するのが面倒だっただけではありませんか？　仕事の本質を見据え、本当に上司や同僚を思い遣るのなら、「報告」を選ぶことは明白です。

・連絡

「連絡」をしないことで至るミスは、「報告」をしない結果と同じく、大きなミスにつながります。しかも、連絡の場合は、そもそも連絡をうっかり忘れたという単純ミスから始まります。

伝言を頼まれたので、後で言おうと思っていたら、他の仕事に気を取られているうちに忘れてしまった……。引継ぎしなければならないことをメールで送ろうと思っていたのに、送ったつもりになって忘れてしまった……。こんなうっかりを経験した人も多いことでしょう。

大切な連絡はとにかく「即」が鉄則。「後で」という選択肢は持たないことです。目の前の仕事が多少中断されたとしても、伝えなくてはならないことが発生したら即行動する。それだけのことです。

また、うっかりしてしまう理由を深く考えると、何のために連絡するかをしっかり考えていないからだったりします。連絡しようと決めた理由には、その後の工程をスムーズに進めるためだったり、変更を頼むためだったり、個々の必要があったはずです。それを伝え忘れることによる影響は、計りしれません。

伝え忘れという凡ミスで引き起こした大きなミスは、後悔してもし切れません。

・相談

「相談」をするということに、なぜか抵抗感を持つ人がいます。相談するなんて、判断力がないと思われないか……。こんなことで相談するのは恥ずかしいことではないか……。仕事の本来の目的は二の次で、自分のプライドを優先する人がけっこういます。

しかし、迷ったら、不安だったら、確信が持てなかったら、相談するしかありません。自分だけでは、自分一人の経験値による判断でしかありませんが、もし誰かに相談すれば、経験値が2倍以上の判断になります。相談し、たくさんの人のアドバイスを聞くことで、自分の頭では思いもつかないようなアイデアが出たりするものです。

何のために組織で仕事をしているのでしょう。同じ会社という組織ではなくても、仕事には必ず相手がいるものです。皆、目的は同じです。仕事でいい成果を生みたい……。あなたのプライドという小さなものよりも、皆がハッピーになれる成果を生む可能性を選んでください。「聞くは一時の恥、聞かぬは一生の恥」。そんな諺もあります。相談することは、あなた自身にもプラスになって返ってくるはずです。

足を運ぶ

社会人になって年月が浅い頃は、とにかく「足を運ぶ」ことを惜しまず、情報を集め、営業することを積極的にやっていたことでしょう。しかし、だんだんと、前ほど足を運ばなくなっていませんか？

インターネットがありますから、わざわざ足を運ばなくても解決することが、ひと昔に比べて、各段に増えました。ネットだけで何も問題なく済むことはどんどん取り入れ効率化を図るべきだと思います。

しかし、仕事とは人間と人間のつながりの上に成り立っています。ネットで済むと思うようなことも、実際に足を運んで目を見て会話をすることで、もたらされるものは大きいことが多々あります。

私は時間があれば、極力、実際に私たちの会社の製品を使ってくださっている建設現場や、建設関連の小売店に足を運んでいます。

四季の気候が労働環境に影響する建設現場を実際に自分で体感することや、小売店で建設マンから直接声を聞かせていただくことは、オフィスにいるより、どれほど多くの情報を得られることか。新製品のアイデアも湧きやすくなりますし、何より大きいのは、自分が誰の何のために仕事をしているかという「本質」を肌で感じられることです。

足をたくさん運ぶことに、時間の無駄、体力の消費というマイナスのイメージを抱く人が多いようですが、私はむしろ成果につながると感じています。

デジタル一辺倒になりがちな昨今ですが、足を運ぶことでしか得られないことがたくさんあります。自分の足を使い、自分の目で直接見ると、仕事の本質が明確になりやすく、意識が高まります。するとミスは自然と起こりにくくなって、成果にも結び付いていくのです。

確認する

人間心理は厄介なものです。本当はきちんと理解できていなくて、与えられた仕事に取り組むのは不安な状態なのに、上司の信頼を失うのが怖くて、「分かったふり」をしてしまう……。後輩の手前、面子を保ちたくて、「分かったふり」をしてしまう……。そういう気持ちが忍び寄ることは誰にでもあるでしょう。でも、そんな心情を断ち切って、少しでも不安を感じるなら、必ず「確認する」勇気を持たなくてはなりません。うやむやにして恐る恐る仕事を進めていった結果、大きなミスになってしまうリスクを考えれば、分からないと思った時点、不安を感じた時点で、確認しておくことは必須です。

リスクはあくまでリスクで、もしかしたらミスにならないかも知れない。だからこのまま続けてしまおう……。そんな考え方はビジネスに存在しません。それは建設現場で、命綱を外して高所で作業をするのと同じです。

建設現場では「安全」か「安全でない」の2つしかなく、「まあ安全」という状態は絶対にありません。オフィスでもその意識をしっかり持つことです。

目先の心情に捉われることなく、先の目的と結果をきちんと想像して仕事に取り組めば、「分かったふりをして確認しない」というようなリスクは負えなくなるはずです。特に重要な仕事では、自信があっても、念のため確認することが、心の命綱をしっかり付けていることになります。

また、説明が理解できなかったり、不安だったりするので確認する同僚や部下を、「ちゃんと話を聞いてなかったのか」と叱責する人がいます。でも、仕事の中で、怒りの感情をぶつけることは、仕事の本質とは違います。そこで確認してくれたおかげで、ミスや事故を免れたのかも知れません。確認は、マイナスにはならないのです。単なる怒りが続くと、相手をどんどん委縮させてしまい、「報告・連絡・相談」というビジネスの基本の基のコミュニケーションが滞り、負の連鎖にもなりかねません。

基本の基がどれほど重要なのか、京都大学などで宇宙物理学の教鞭をとられていた北原達正先生はこんな話をされています。

「宇宙開発事業の地上スタッフで、技能として絶対的に必要とされる能力は、善悪を含む迅速な判断力、声を出す勇気、そして数学力。

なぜ迅速な判断力が必要なのか。国際宇宙ステーションは秒速7・7㎞、時速で2万8000㎞、地球を90分で一周しています。東京と大阪の距離500㎞なら、わずか64秒で到達する速度です。それを地上からサポートしているので、一瞬の迷いで指示が遅れた場合、膨大な国家予算を瞬時に無駄にするだけでなく、もっとも深刻な問題は、宇宙飛行士を危険に追い込んでしまうこと。

近い将来、建設業界から宇宙開発事業まで、単純作業はロボット、IoT、AIが人間の代わりになるでしょう。それらに取って代わることがない社会に必要な人材は、人として基本的な挨拶、声を出す、コミュニケーション力、ミスを恐れず自信を持って判断する力を持ち合わせた人。これは建設から宇宙まで今もこれからも必要な技能です」


つまり、「報告・連絡・相談+α」。基本の基を忘れずに身に付けておくことは、未来の仕事環境でも必要とされ、自分自身を守ってくれる力となるのです。

重要なことはダブルで確認する

確認さえすれば、ミスを発見できて、大変な事態を防げることがたくさんあります。それを油断や過信から、見過ごしてしまうことが一番の問題です。

重要な仕事なら、重要な仕事ほど何重にも確認をすることは基本の基ですから、建設現場では、声を出し合い、指を差して確認することが常識です。作業に危険が伴うこともあり、確認したことをさらに明確にするために、あえて言葉と動作で念を押すのです。なかなか建設現場を見る機会がないかも知れませんが、人の命を輸送する鉄道のホームでも必ず車掌が声を出し指差し確認しているのと同じです。命綱も二重確認の一例です。重大事故を防ぐため、命綱のフックは、うっかり何かにぶつかったとしても、簡単に外れることのない「ダブルフック」の構造になっています。

オフィスでは、なぜ声を出し、指差し確認をしないのでしょうか。それは「そこまでしなくても大丈夫だろう」という油断にほかなりません。そんなこと静寂なオフィスじゃできないとお思いでしょうが、たとえば、同僚に重要な要件をメールで送って依頼するだけでなく、その人にひと声「○○の件、メール確認しておいてくださいね」と言葉で伝えるだけでも、相手に重要だという意識が伝わります。それは余計なことではありませんよね。

また、終わらせなくてはならないことが複数ある場合も、やることを付箋に書いてパソコンに貼る、そして、終わったと思ったら付箋を指差し確認する、という「ダブルチェック」をするだけで、忘れることによるミスは起きにくくなるはずです。

さらに効果のあるダブルチェックは、目を変えるということです。1円のミスも許されない銀行では、お金をお客様に渡す前に、一人だけの確認ではなく、複数の人の目で確認しています。一人だけで複数回確認するよりも、目を変えて新しい意識で確認することは、それぞれの責任感、緊張感で、より正確な確認ができると考えられています。

記憶に頼らない

仕事は多くの場合、あれもこれも同時進行しています。自分の頭の中では優先順位を付けて進めているつもりでも、途中で、「あれもやっておかなくては」と思い付くこともあれば、上司から指示されて「あれもやらないと」ということもあり、次々とやるべきことが横から入ってきます。忙しいと、メモも取らず、記憶に頼って、後で必ずやろうと思いながらも仕事を続けてしまう人が多いのですが、それは明らかな油断です。忙しい人ほど、特にベテランにはありがちな行動です。

人間には絶対がありません。しっかり記憶をしたつもりでも、忘れてしまうことが起きる生き物です。仕事以外のことでも、うっかり「忘れた」という経験がない人はいないでしょう。うっかり忘れた……が、大切な仕事で起きたらと思うと、ゾッとしますよね。

やらねばならないことが入ったら、迷わず「すぐやる」ことを原則とします。すぐに実行してしまえば「忘れた」ということは起きないからです。

もしも、目の前の仕事の方に緊急性が高く、後でやるしかない場合でも、記憶だけに留めるのはご法度です。忘れないように必ず「書き残す」こと。書き残したものを見忘れることのないよう、手帳に書くだけではなく、付箋などに書いて、目立つように貼っておくといいでしょう。スマホのリストに書いたのなら、必ずリマインドできるようセットするなど、これまた忘れないよう工夫をしてください。

忘れないように書き記す。こんな簡単なこと……。そうなのです。こんな簡単なことだからこそ、人間は油断をして忘れてしまい、ミスを起こしてしまうのです。

そして、仕事を終える時、その後の飲み会、デートなどの時間を確認する前に、その日、記憶の中に、大切な忘れ物がないか、1日の出来事を振り返る習慣を持ちましょう。ほんの数分のことですから、パソコンをシャットダウンするついでに振り返るのもいいですね。

人間関係が「まあ、大丈夫か」を減らす

「報告・連絡・相談」のような基本の基を怠ってミスが起きる理由に、仕事相手との心の距離があるように思います。

インターネットを駆使するのが常識的になっている昨今、物質的な生産性は期待できますが、顔も見ず、実際に言葉も交わさず仕事を進めることが多い分、人間関係はどうしても希薄になります。

報告・連絡・相談 etc.……。どれも、簡単なことで、ほんのちょっとの行動です。それなのに「まあ、大丈夫か」と自分の中で結論付けてしまう人がいます。それは潜在的に「人間関係の薄さ」が原因ではないでしょうか。最近は、上司が部下にプライベートなことを聞いたり、業務時間以外に飲みに誘ったりするとそれがパワハラになってしまうこともあるようです。そんな風潮から、仕事場の人間とはさっぱりとした関係が無難と考えがちになる傾向になるのも分からないでもありません。

しかし、どんな相手かよく分からないと、アクションを起こした後の、相手の反応が想像できないので、心のハードルが高くなってしまい、ついつい連絡を取ったりするのが億劫に感じるものです。そんな感情が、「まあ、（連絡しなくても、確認しなくても）大丈夫か」という気持ちにすり替わってしまい、けっきょく基本の基を怠ってミスにつながってしまうのです。

心を開いた信頼のおける相手なら、何でも報告しやすく、相談しやすく、確認しやすくありませんか？　しかし、相手をそれほど知らなければ、「信頼」など生まれようもありません。

お互いの信頼が生まれるには、顔を合わせたコミュニケーションを取ることが第一歩です。たくさん会話をすることで、相手の人柄、考え方がだんだんと分かってきます。簡単に信頼とまでいかないにしても、どんな人かだいたい分かっているのと、よく分かっていないとでは、心の距離が大きく違います。心の距離が遠いことで、「まあ、大丈夫か」と自分を無理に納得させることのないよう、コミュニケーションの大切さを意識してください。

感情的になっても意味がない

一生懸命仕事するあまり、相手とぶつかることがあります。自分のやり方、考え方が絶対に正しいのに、どうして理解してくれないのか、どうして別のやり方をするのか、仕事とは腹が立つことの連続と言ってもいいくらいです。

腹が立って感情的になると、物事の本質を見失いやすくなります。たとえば、「あんな嫌な態度な人と、口を利きたくない」という感情が膨らむと、仕事の基本の基である「報告・連絡・相談」を怠りがちになり、ミスにつながりやすくなります。

腹を立てるくらいなら感情をすべて押し殺して、ドライに仕事しよう、あの人とは関わらないようにしよう、と極端に思うのもまた感情に振り回されています。コミュニケーション不足になれば、やはりミスが起きやすくなります。

人間の感情とは厄介なもので、そのコントロールは感情的になればなるほど、難しくなるものです。

仕事で腹が立つのは、大半が仕事に関係する「相手」のことでしょう。相手に理解してもらいたいあまりに、声を荒げてしまったり、強い口調で言ってしまったりする人は少なくありません。

感情的になって、一番表面に出てしまうのが「言葉」です。言葉は、ある時は心の支えにもなれば、凶器に化すこともあります。言い方ひとつで、相手との関係を良くも悪くも一瞬にして変えてしまいます。

もし部下や同僚がミスをした場合、相手のミスをただ冷静に言葉にして伝えれば、相手もすんなり受け止め解決するものです。それを、感情的になって怒りの感情を込めた言葉にしてしまったら、相手も人間ですから、どんなに自分が悪くても素直に反省できなくなるものです。

「怒らず叱る」という言葉をご存知ですか？「怒る」は自分の感情を表に出すだけ。「叱る」は相手のことを思って伝えるという気持ちが含まれます。

単なる感情に流されず、その場の自分の役割を演じ切る。それが仕事で腹が立った場合のプロフェッショナルな姿勢ではないでしょうか？

さらに叱る言葉の中に、「キミならもっとうまくできるはずだよ」などのポジティブなひと言を加えたらどうでしょう。その後、ミスに気を付けるだけでなく、やる気も出していい成果を上げるかも知れません。

また、相手が不可能な要求や意見を言ってきた場合、あなたはAとBどちらで答えますか？

A「そんなの無理に決まっているじゃないか」

Ｂ「なるほど、そういう考えもあるか。でも……」

Ａは相手の性格によっては、傷付いたり、聞く耳を持たなくなったりすることもあります。Ｂのように、まずそれはそれとして認めた上で、こちらの意見を言うことで、相手は耳を傾けやすくなるでしょう。感情的なシチュエーションこそ、言葉は使いようです。

それでも、咄嗟に感情的な怒りを覚えることは誰にでもあります。私も例外ではありません。その場合、まずはひと呼吸おいて、その仕事は、何のためにやっているのか「本質」を思い出すと、大体のことは感情的になっている場合ではないのです。

一生懸命やっている仕事の「本質」を考えれば、相手に腹を立てている場合ではなく、その前にやるべきことがあると見えてくるものです。

「本質」を意識して仕事をしていれば心はブレず、感情的な腹の立て方や、感情的な言葉の使い方がだんだん少なくなるはずです。

時間と心の余裕を持つ

建設現場のように高所で作業をする場合、命綱を付けていれば、落下事故のリスクは少ないはずです。しかし、命綱を付けていたにもかかわらず、悲しいことですが、落下事故が起きてしまうことがあります。なぜ事故が起きてしまうのでしょうか？　たとえば、次の場所の作業に移るために、慌てて命綱を外そうとし、足場に取り付けていたフックを急いで外そうとするあまりに、外したとたんにバランスを崩してしまい落下してしまうことがあるのです。

命綱を付けていても、そこの部分だけは守り切れないことは実に無念です。なぜ、高所という危険な場所にもかかわらず慌ててしまったのか。時間がなく早く次の作業に移ろうとした……、早く！　と急がされ慌ててしまった……。慌てさえしなければ防げたことが、重大なミスにつながってしまうことほど、残念なことはありません。

落下事故の例のように、次の急ぎの仕事に移る時、急な対応を迫られた時、「慌てる心」がミスを起こしやすくします。

責任感が強く、真面目な人ほど、慌てて次に取り組む傾向があります。時間がない！　そんな時でも自分を客観的に見てください。どんなに忙しく時間がない場合でも、慌てながら仕事をするのは、買い物客で賑わう商店街を、自転車で疾走し、通り抜けようとしているようなものです。

また、プレッシャーも慌てる心を生みやすいものです。プレッシャーがかかれば焦りを感じ、焦ると人間は慌てますよね。プレッシャーのかかる環境下での仕事は要注意です。

リスクを顧みず仕事をすればするほど、リスクが高くなる一方ですから、けっして慌てることなく、少し落ち着く間を持つこと。それが本当の意味の責任感だと考えます。「慌てる」状態と「慌てない」状態での時間的な差は実際にはほんの少しです。

それでも、一刻を争うような場合、一人で背負いこもうとせず、せめてそのリスクを上司や同僚に周知し、サポートを頼むことも一案ですし、それも仕事に対する責任のひとつです。

ひと手間の工夫が大きなミスを防ぐ

ミスの芽、油断がないか、現状の基本の基を見直す習慣がついたら、次は「想像力」を高めることです。

だいたい同じパターンの仕事をしていると、先にやるべき仕事、起こりそうなことが予測できるようになるので、いつもと同じように進めていけると思います。しかし、仕事というのは無限に変化の可能性を秘めています。

先の見えないミスの可能性をすべて考えて仕事をするなんて、緊張し通しになるし無理に決まっていると感じると思いますが、そういうこととは違います。

いつものやり方に捉われることなく、想像力を働かせ、もっと良いやり方はないのか、模索してみることです。今のままでも、前と同じように仕事は進むかも知れませんが、「想像力」を働かせることで、ミスの芽を摘み取ることができるかも知れないし、もっと良い方法が見つかるかも知れません。もうひと手間を惜しまず考えようということです。

私たちの会社では、前項でお伝えしたように、慌てることによる落下事故が起きていることを知り、そんな事故を減らすため、何か少しでも改良点がないか、さまざまな検討を重ねてきました。

そこにある日、建設マンから、命綱を外す時に慌てた場合、「ちょっと外しにくい」という声が届いたのです。現場の足場に付けた命綱のフックを、慌てた状態で外す実験をしてみると、慌て急いで乱暴に外した場合、わずかに引っ掛かりが生じることが分かりました。

そこで、前よりスムーズに操作できるフックを開発しました。大きく設計を変えたわけではなく、それは、ほんのひと手間の工夫です。そのひと手間で、慌てたことによる落下事故を一件でも多く減らしたい、そんな一心でした。そして、そのひと手間を加えた命綱が、グッドデザイン賞を受賞する結果となったのです。

どんな仕事も一定の状況で進んではいきません。フレキシブルな対応を迫られる場面が起こります。そんな時に、慌てても大丈夫なように想像し、ひと手間かけて工夫しておけることがないか考えてみましょう。

たとえば、冬のインフルエンザが流行る時期、予防接種をしていても罹る時は罹ってしまい、欠勤する人が増えるでしょう。自分が休まなくてはならないかも知れないし、一緒に仕事を進めている同僚が休むかも知れません。そんな手薄になりそうな状況をあらかじめ想像しておく。そのために、予定を3歩先に進めて仕事の貯金（余裕）を作っておくこともひと手間です。また、急な応援に入ってくれた人でも仕事をすぐに引き継げるようにマニュアルを準備しておく。それもひと手間です。それによって、仕事を滞らせるというミスはなくなりますし、余裕が生まれます。余裕があれば、そこからさまざまな好機をもたらすことができるようになるのです。

「休まないで頑張った」は褒められることではない

忙しくて、朝から休憩も取らず仕事をした、お昼を食べる時間もなかった、というビジネスマンは多いものです。それは頑張っている！　と応援したくなりますが、同時にとても心配になります。心を整えて仕事に取り組むべきところが、心身共に疲労が蓄積されている状態だからです。

頑張り過ぎた状態は、ミスを起こしやすいコンディションに陥っていると思い直してください。

休憩時間は何のためにあるのでしょうか。私はどんな繁忙期でも、休むことも仕事の一部と思っています。

ミスを起こしにくい仕事の取り組み方は、気持ちを入れて意識を高く集中することですが、人間が始業から終業まで、ましてや残業時間まで、同じコンディションを保つなんて、とてもできませんよね。

休憩時間のリラックスが、仕事の集中を切らさないための特効薬です。車の運転を長時間、休憩もなく続けるのは危険なことと一緒です。疲れていては注意力が散漫になり事故が起きやすい。仕事も同じです。

仕事を「頑張った」ことは、ミスが起きない限り、プラスの評価となることが多いものです。しかし、疲れを溜め込んでいたのにミスが起きなかったのは、幸いな結果であって、相当ミスを犯すリスクを背負っていたと考えられます。それは、全面的に褒められる姿勢ではありません。ビジネスシーンでは疲れを軽視しがちです。頑張ることは美徳という日本文化の弊害、盲点のように思います。

それでも、本当に休む時間が取れないんです！　という人もいると思いますが、5分も休めないというのは、本当でしょうか？　5分休めば、休んだ後の仕事は休む前の5分より、はるかに捗る上に、ミスのリスクも下がります。

休憩時間が定期的に設けられていないオフィスもあるでしょうし、疲れたからとデスクで5分くらい目を瞑ってもいられないほど休憩が取れないようなオフィスもあると思います。

しかし、音楽では、休符も音符のうち。休符がないと良い音楽にはならないそうです。

また、お釈迦様は、苦と楽と極端に偏らない生き方「中道」を説いています。それは、ただ物事を足して二で割っただけの真ん中のことではなく、「真理に合っている」「調和が取れている」というような意味です。それを琴の弦にたとえ、「琴は弦を張り過ぎず、緩め過ぎずが、心地いい音色を奏でる」と語り、それは現代風に言うと「自分自身が良いコンディションでいられるよう調整しなさい。それが良い結果を生む」という意味になるでしょう。

休んでいる時間は、頭をしっかり切り替え、仕事のことは考えず、休むことだけに集中してください。休憩を、サボっているように感じる真面目な人もいるでしょうが、価値観を変えてください。ミスを防ぎ、効率よく成果を上げるために人間には不可欠な時間なのです。

一人の時間を作る

生活習慣や仕事の本質を意識することで、人間の心は整っていくとお伝えしてきましたが、それと同時に、だんだんとその習慣や意識を忘れてしまうのも人間です。仕事のミスの芽を生やさないように、時々、自分の行動や意識を見直す時間が必要です。そのためには、時には一人だけの静かな時間を作ることをお勧めします。

特に忙しければ忙しい時ほど、静かに振り返ってください。「忙しく頑張っている」＝「充足している」ように感じるものですが、「忙しく頑張っている」時こそ要注意です。

「忙しい」の「忙」という字は「心を亡くす」と書きます。忙しいほど、本質を見逃しやすいということで、ミスも自然と起こりやすくなるのです。ましてや「忙殺」されていると感じる時は、ミスの危険警報が鳴り響いている状態です。無理やりでも時間を作って、自分を見つめ直してください。その忙しく頑張った上の充足感の中には、ミスの芽を見逃してしまう危険な錯覚も潜んでいるからです。

自宅で静かにゆっくり一人になるのもいいですが、雑音、邪念をできるだけ排除でき、気持ちを切り替えやすい環境を選ぶ方が、自分を深く見つめることができます。特別に構えたことをするのではなく、頑張った自分にご褒美をあげる感覚で、静かなカフェで美味しいコーヒーを飲みながら、ゆっくり考えてみる。それだけのことでもいいのです。

一人で静かに自分を俯瞰して、仕事に対する意識がズレ始めていないか、違う方向に行っていないか見直します。ミスの芽になりそうなことに気付いたり、忘れていたことを思い出したり、新たにやりたいことが見つかったり、見失ってしまっていたことが浮き彫りになります。こういうことを日常の流れで考えるのは、なかなか難しいと思います。

また、できればそれほど忙しくない時でも、定期的に一人の時間を持つことをお勧めします。

自分は変わっていないつもりでいても、周りの環境、人からの言葉などで、人間はやはり影響を受けているものです。

常に自分にとって一番大切にしたい本質は何かを見つめ直し、確認する。そして、意識を高め、ブレない心を作る。そんな姿勢がミスを防ぎ、仕事での成果を生み出していきます。

集中力の持続には「楽しむ」時間を

あなたの会社に社歌はありますか？　最近の若い世代は、上司や同僚と社歌を唄うなど、好まない傾向でしょう。

私たちの会社はお昼の休憩の後に、全員で社歌を唄い、体操をしています。オリジナルの曲で、歌詞には会社の理念である製品づくりへの想いや、建設マンへの想いを綴ってあります。でも、堅苦しい歌詞ではなく、我が社の製品のエンドユーザーを意識して「スゲーと言わせたい〜♪」といった、ユニークな歌詞を盛り込んでいます。

振り付けは社員が考え、日本スポーツ支援機構の監修も受け、本格的な体操と公認していただきました。飽きないように曲調を少しずつ変え、最近は「シンクロニシティ」バージョンの体操です。

また、中島みゆきさんの「地上の星」を流している建設現場もあるそうです。


馬鹿馬鹿しく思えるようなことも、全力で取り組むと面白さが生まれます。そんな面白さ、楽しさを若い世代も受け入れてくれているのでしょう。人様から見たら、そんな暇があったら仕事に集中すればいいのにと思われてもおかしくありません。でも、人間は何時間も連続して集中などできないのです。

時代を変えるのも、業界を変えるのも、「ワカモノ・ヨソモノ・バカモノ」と言われるように、仕事に集中するために、思い切ったユニークな方法もアリだと思っています。心身の緊張をほぐし、リフレッシュした方が、ずっと午後の成果が上がるでしょう。

社歌や体操はもちろん強制ではありません。押し付けられては全然楽しくありませんから。それでも、何のための仕事なのか、何のための会社なのか、社歌を毎日耳にすることで、少しでも意識を根付かせてくれたらいいなとは考えています。

仕事の中に、仕事とは別の面白さ、楽しさがないと、息が詰まります。ただただ真面目に仕事を続けていれば、ミスが無くなるわけではないのです。

社歌を聴いて体操するのは珍しい例と思いますが、昼休みに外の空気に当たりながら、自分の目指す生き方に似た歌詞の曲を聴いてみるなど、楽しく前向きな気持ちになれるリフレッシュの時間を取ってみてください。何気なく自分の方向性を見失わないようにする工夫で、仕事の取り組み方は変わり、ミスを起こしにくくなって、仕事の質も変わるでしょう。

コラム　先の先まで想像して「グッドデザイン賞」を受賞

「グッドデザイン賞」。多くの方が耳にしたことのある賞だと思います。おかげさまで、２０１４年、２０１８年と、私たちの会社は2度にわたり安全帯業界では初めてのグッドデザイン賞を受賞することができました。

グッドデザイン賞はデザインの優劣を競う制度ではなく、審査を通じて新たな「発見」をし、Ｇマークとともに社会と「共有」することで、次なる「創造」へつなげていく仕組みです。グッドデザイン賞では常に我々が向き合うべき根源的なテーマとして次の5つの言葉を「グッドデザイン賞の理念」として掲げています。

人間（ＨＵＭＡＮＩＴＹ）もの・ことづくりを導く創発力
本質（ＨＯＮＥＳＴＹ）現代社会に対する洞察力
創造（ＩＮＮＯＶＡＴＩＯＮ）未来を切り開く構想力
魅力（ＥＳＴＨＥＴＩＣＳ）豊かな生活文化を想起させる想像力

まず2014年にグッドデザイン金賞を受賞したのは、「高所作業用ランヤード『剣《つるぎ》フック』」という商品です。これは、命綱を足場の手すりに取り付けるフックの部分です。私たちのデザインへの想いとしては、「使用者が人間である以上そこには安全性だけではなく優しさ、暖かさも内包する製品こそが大きな付加価値をもたらす。使う人が使って良かっただけではなく、所有する喜びを感じてもらえることに注力」しました。ただ形をデザインするだけでなく、使用時の先の先まで想像した形状で、使う人の気持ちに寄り添って、これなら付けておきたい！　と思っていただけるようなスタイリッシュなデザインから、使う人の安全をお守りしています。

審査委員の方々が、我々のデザインコンセプトを深く理解してくださっての受賞でした。

講評は次のとおりです。「高所建設現場で働く人たちの命を守る安全帯。しかし、実はこの安全帯を外すときに落下事故が一番起きやすいという。このフックは、高所での事故をなんとか減らしたいという思いから、『外れにくさ』ではなく『外しやすさ』を追求し開発された。スムーズな取り外しの機構と、開口部の拡張を実現し、また素材においてはアルミの鍛造で、色はマットなブラックというこだわりがなされ、命を守る道具としてだけでなく、一日中身につけるものとしての美的な側面まで意識されたプロダクトとなっている。機能面から精神的な部分にいたるまで、建設業界を下から支えるデザイン姿勢を高く評価したい」。

この講評をお聞きし、私は確信しました。想いは必ず届くということ。毎日の仕事の中で、こんな華やかな感動はめったに訪れることはありません。しかし、ひたすら本質を見つめ行動し続けることで、こういったご褒美のような一瞬があるのです。使ってくださる人のことをとことん考える姿勢、それを続けたからこそ、味わえた感動です。仕事とは、辛いことがあっても、こういった感動ですべてプラスになると言っても過言ではありません。

2014年から、さらに想いを乗せて走り続けた結果、2018年には「フルハーネス『じゃばらストレッチフルハーネス』」という商品で、再度グッドデザイン賞を受賞することができました。

従来は、命綱を装着するためのハーネスとは、動きやすいよう、たるみを出し体に付けていましたが、どうしてもたるみの部分が、何かに引っかかってしまい、危険を招くことがあり、それが使う人の不安やストレスになっていました。しかし、受賞した商品は、ハーネスをじゃばら状に伸縮させることで、動きやすく体に密着できるので、余計なたるみが出ず、安全にストレスなく作業ができるようデザインしたものです。

講評は「今年度から着用が義務づけられたフルハーネスの着心地と作業性を提案した製品。伸縮性の素材を使うことにより、動きやすさは格段に向上し、フィットすることにより、見た目はスリムである。安全と隣り合わせの現場における、社会的な意義が高い上、作業者の負担軽減と安全性の向上、そして作業現場のファッション性の向上にも寄与する製品となっている」というものでした。

我が社の目指す「人間力」の4番目、「世のため、人のため、自分の力を生かそうと行動する能力」が開花した受賞となったのです。

コラム 「ホワイト企業大賞特別賞」を受賞して思うこと

人の性格がそれぞれ違い、生まれ育ちや環境で体質も異なるように、会社も似たような業態であっても、やはりそれぞれ特性や個性があると思います。

我が社では後述する「見える化」戦略の一環として、定期的にメンバー全員が「効き脳（ききのう）診断」を受け、仕事をする上で自身の現在の特性を客観視できるよう努めています。

メンバーは定期的に効き脳診断をしているので、会社自体も何か定期診断ができたらと考え、「ホワイト企業大賞」に応募を続けてきました。

ホワイト企業大賞は「社員の幸せと働きがい、社会への貢献を大切にする企業を増やしたい」という理念のもと開催され、2019年で5回目になります。選考は、先ず社内全員のアンケートと書類審査から始まります。アンケートには、自分自身の仕事に対する姿勢と仲間への想いなどが項目に入っています。結果がフィードバックされ、審査員の方が来社し、実際に社員インタビューをし、審査するという流れです。

今回は安全帯製造部門の有限会社安琳（ありん）が応募し、2名の社員がいろいろと審査員から直接質問を受けました。審査員が社員の答えに対して「なぜそう思うのですか？」「いつからそう考えているのですか？」と質問を重ねていきます。そして、何度も審査員から出た言葉があります。

それは「変ですね」。

社員も「う〜ん」と首をひねりながら、「なぜだろう」と考えていました。自分たちが当たり前と思っていることが、外部の人に質問されることで「あれ？　こういうことって当然じゃなかったのか」と気付く時間です。

そして、「工場で仕事しながら、エンドユーザーのお客様の想いを考えること。お客様に外で声をかけること。それって当たり前じゃなかったんですね」とは、社員からしみじみ出てきた言葉です。

命綱のハーネスの使い心地を試してみようと、2年以上もハーネスを付けて、オフィスワークをしている社員もいます。それは一般的に言えば確かに「変」です。「変ですね」と何度も言われて、喜んでいる私も社員も確かに「変人」でしょう。

日本人は「変」と言われることに抵抗を持ち、社会で浮かないよう、浮かないよう、なるべく普通に徹する人が多いのですが、普通ではないことで、普通以上に視野が広がり、発見が多くなる場合もあり、それは成長につながると思っています。もちろん、社会を乱すような「変」では困りますが。

自分の仕事の本質を深く考え、その仕事のためになるのなら、何事にも臆せず行動を起こすことで、「変」と言われることになろうとも、まったく抵抗はありません。変人バンザイです。

そして、2018年、「ホワイト企業大賞 人間愛経営賞」を受賞したのに続き、2019年は製造部門の子会社がおかげさまで「ホワイト企業大賞 愛あるモノづくり経営賞」を受賞しました。2019年から我が社の業界は厚生労働省令の規格変更があり、大きな変革期が訪れますが、今後もずっとホワイト企業に値する会社でいられるように、診断を受け続けていきたいと考えています。

第4章

ミスを防ぎ、成果を上げる意識づくり

◎「自分事」として仕事を考えてみる

あなたは自分の仕事にどんな気持ちで取り組んでいますか？

「こんなつまらない仕事、一体何のためになるのだろう」。そんな風に感じながら、仕事をこなしている人もいると思います。それは仕事に対して気持ちが入っていない状態です。

希望していた職場ではなく、気が乗らない仕事だとしても、何のためにもならない仕事なんて、そんな仕事があるのでしょうか？

私たちの会社では建設マンが身に付ける命綱を中心に、工具袋などを企画・製造しています。仕事は、優れた製品だけを作ればそれで終わりとは思っていません。

なかなか目を向ける機会が少ないと思いますが、皆さんが毎日、仕事をしたり、ご飯を食べたり、普通に安心して暮らしていけるのは、さまざまな製造業が土台となって社会全体を支えてくれているからです。

建設マンが造ってくれた建物をはじめ、道路、鉄道などのインフラがあってこそのことです。建設マンは、命に関わる危険と隣り合わせで仕事をし、私たちが快適で住みやすい社会を支えてくれている。そう「自分事」として考えると、毎日、何気なく歩いている道も縁の下の力持ちのおかげだと、感謝の心が生まれます。建設マンに恩返ししたい、その建設マンが使って誇れるような「ものづくり」をしていきたい、という気持ちが湧き起こるのです。

そして、「建設マンの安全とその家族の笑顔を守る」のが我が社の使命と胸に刻んで、真剣に取り組んでいます。

今、あなたがやっている仕事でも、業種によっては目の前で直接には、それに関わる人の顔が見えない場合もあるでしょう。しかし、その先には必ず「人」がいます。どんな業界の仕事も、人のため、社会のため、と何かしらの役に立つことを目的として存在しているはずです。

同じ仕事が、意識の持ち方ひとつで、辛くも楽しくも変わります。それはどういうことか分かりやすい事例として、ある有名な訓話「３人のレンガ職人」が語り継がれています。そのあらすじは次のとおりです。

旅人が、ある町外れの道を歩いていると、一人の男が道の脇で険しい顔をしてレンガを積んでいました。旅人が「ここでいったい何をしているのですか？」と尋ねると、「朝から晩まで、俺はここでレンガを積まなきゃいけないんだ。暑い日も寒い日も、風の強い日も、丸一日レンガ積みだよ。腰も痛いし、手は荒れる。なんで、こんなことばかりやらされるのか、嫌になっちゃうよ」と、男は不満を口にして、深いため息をつきました。

旅人は、その男に慰めの言葉を残して、また歩き出しました。

しばらくすると、一生懸命レンガを積んでいる別の男に出会いました。旅人が「ここでいったい何をしているのですか？」と尋ねると、「ここで大きな壁を作っているんだよ。これが俺の仕事なのさ」と男が答えました。

「大変ですね」と旅人がいたわりの言葉をかけると、「この仕事のおかげで俺は家族を食べさせていけるんだ。このあたりは仕事を見つけるのだけでも大変さ。ここでこうやって仕事があるおかげで、家族が食べていくことに心配がない。大変だなんて思ったら、バチが当たるよ」と、男は辛そうな表情ひとつせず、レンガを積む仕事に感謝していました。

旅人は、男に励ましの言葉を残して、また歩き続けました。

さらに進むと、また別の男がイキイキと楽しそうにレンガを積んでいました。旅人が「ここでいったい何をしているのですか?」と尋ねると、「俺たちは、歴史に残る偉大な大聖堂を造っているんだよ!」と男は答えました。

「大変ですね」と旅人がいたわりの言葉をかけると、「ちっとも大変じゃないさ! ここでこれから多くの人が祝福を受け、悲しみを払うんだぜ! とっても素晴らしい仕事だろう?」と胸を張って言いました。

旅人はたいそう感心して、旅を続けて行きました。

この訓話は、同じ仕事でも捉え方は三人三様で、捉え方ひとつで仕事への遣り甲斐にも大きな違いがあることを説いています。

目の前の仕事からはピンと来ないかも知れませんが、その先を一度考えてみませんか? あなたが関わった仕事の先には、直接会う機会は一生ないとしても、誰かがいて、笑顔になったり、ホッとしたり、いろいろなドラマが生まれているはずです。

目的がはっきりしない、つまらない……と感じていると、どうしても気が入らずミスが生まれやすくなるのは当然です。今の仕事の先にある「○○のため」に目を向け、それが「自分事」につながっていると意識してみてください。そうすることで、今までより、責任感や遣り甲斐などがグッと高まります。ミスなど決してできないという意識に変わり、成果にもつながっていくのです。

目指す生き方を深掘りする

今の仕事に遣り甲斐や意義があるはずと言われても、もともとその業界で仕事をするつもりがなかったり、特にその仕事自体に興味がないけれど、稼ぐために仕方なくやっていたりという人も多いと思います。

子どもの頃から憧れていた職業に就けた、第一希望の会社に入れた、実際そんな恵まれた人はほんの一握りです。また、第一希望の会社に入れたけれど、思っていた業務内容と違って遣り甲斐を感じない、という人も多いでしょう。嫌々の気持ちで仕事をしていては、どうしてもミスは起こりやすくなります。気持ちが入らなければ、ミスの芽を見逃してしまいやすいのですから。

しかし、どんな状況でもあなたがそこにいる意味があります。私も卒業後は別の仕事をしていて、その頃、今の会社に入社するとは思ったこともありませんでした。いろいろな経験を経て、この会社に加わり、そして社長の職を引き継ぐこととなったのです。まさに想定外でした。

責任の重いポジションを担い、さまざまな困難や苦労はあっても、おかげさまで楽しく仕事をさせてもらっているので「天職ですね」と言われることもあります。しかし自分はそうは思いません。「適職」と自負していますが、「天職」とは違うような気がしています。

子どもの頃は父親が経営していた今の会社の社会的意義など、深く考えたことはありませんでした。入社してから、ようやく父親がやっている仕事の意義、私が仕事をする意味を考えるようになりました。無我夢中で取り組むうちに、ミスをしながら、多くの気付きがあり、仕事も人生も面白くなって、遣り甲斐や楽しさを感じるようになったのです。

自分が今「適職」と思えているのは、仕事に関わる人から学びをいただき、今の仕事の意義、自分が目指す生き方や指針を深掘りしていった結果です。

少し前に『置かれた場所で咲きなさい』という本がベストセラーになりましたが、まさにその通りと思います。今いる場所の土に、種を置いただけでは、元気な花は咲きません。自分の手で耕し、種を蒔き、水を与えるからこそ、たくさんの花が咲きます。花が咲くまわりには蝶が舞い、花を見る人の笑顔が集まります。

すべては、あなたが「どうなりたいか」「できることは何なのか」を深掘りして見つけ、行動するのみなのです。退屈と感じる仕事にも、成功の種は必ず眠っています。面白さ、楽しさを見いだせた仕事には、必ず成果が結び付いていきます。

どんな仕事も一人の人間から

メンバーの呼び方で苗字に「さん」をつけて呼ぶ人もいれば、ファーストネームで呼ぶ人、ニックネームで呼ぶ人もいます。

ある時、仕事上でお付き合いのある方が、私のことを「尊子さん」と呼んでくださいました。仕事の関係だけでなく、私個人の人格を認めていただけたようで、その仕事に気持ちがぐっと深く入る気がしたことを覚えています。

しかし、誰でもファーストネームで呼べばいいとは考えておらず、その人の個性に合わせて、しっくりとくる呼び方をすればいいと思っています。

同じ職場で働いて毎日言葉を交わしても、職場以外ではまったくお付き合いがない人も多いでしょう。名刺を交換する間柄ではなおさらです。その人個人に興味を抱くことをせず、名刺に書いてある「会社名と肩書と名前」を記号のようにしか感じない人が多いように思います。せっかく出会った人なのだから、プライベートを聞いて、親しくしましょう、ということではまったくありません。名刺とお付き合いしているのでなく、会社名にも相手の名前にも意識を払うことが大切ということです。

会社名には、創業者が考え抜いた上で、その会社の理念や希望が込められているものです。個人の名前は親や大切な人が幸せを願って付けたものでしょう。仕事上のお付き合いでも、相手の立場、気持ちになって、「同じチーム」として仕事を進めることで、その仕事をいろいろな角度から考えることができます。そういう姿勢でいると、自然に意見を交わしやすくなります。

相手の名前を記号のように認識するのではなく、血の通った人間として受け止めること、そして相手個人を尊重した呼び方をすることが、仕事を発展させる一歩になるように思います。同じ職場以外の人をいきなり親しげに呼ぶのは難しいと思いますが、それぞれ生活のある「人間同士」だということを意識してみてください。

我が社の目指す「人間力」の2番目、「愛のある人間性を発揮できる能力」があってこそ、自然とミスが少なくなり、仕事が楽しくなり、成果が上がると考えています。

人間はミスをする生き物と認識しておく

危険が伴う建設現場は、安全のためのルールが徹底されています。朝礼でそのルールを復唱するのは、油断や慢心が起こらないよう、心の中にもしっかりと命綱を付けるためです。

建設現場にはどんなルールがあるでしょうか。それはとても基本的なことです。実はオフィスワークの仕事にも当てはまることが意外に多いのです。

建設現場のルール（右）をオフィスワーク（左）に置き換えた例

1　作業着はきちんと着用、保護具は正しく装備する。
⇦　職場にふさわしい身だしなみをする。パソコンのセキュリティ確認をする。

2　互いに協力して作業を円滑に進める。
⇦　チームワークを考えて仕事をする。

3　安全指示をしっかり聞いて守る。
⇦　上司の指示をしっかり聞いて守る。

4　4S（整理・整頓・清掃・清潔）に努める。
⇦　オフィスやデスクは常に整理整頓し、清潔にする。

5　工具、機材等は正しく使用する。

⇩　マニュアルを遵守する。

6　重機の作業半径内等、立ち入り禁止エリアには立ち入らない。

⇩　機密事項のある仕事は、細心の注意を払う。

7　吊り荷の下には入らない。上下作業はしない。

⇩　リスクがある仕事は勝手に進めない。

命に関わる事故が起きる可能性が高い建設現場では、毎朝、これらのルールを全員が復唱するなど、頭に叩き込んでから仕事を始めます。繰り返しお伝えしていますが、どうしても、直接的に命に関わることが少ないオフィスワークでは、ミスに対する意識が希薄です。

建設現場でもオフィスでも、ミスはミス、事故は事故です。建設現場での毎日のように、基本の基をもっと意識することが大切です。

ミスをしてしまって頭を抱える前に、常に「人間はミスをする生き物」ということを意識して、心の命綱をちゃんと付けているか、自分で確認してから仕事に臨めば、自信を持って仕事を進めていけます。

物事は表裏一体と知る

誰もがミスを起こそうとして起こしているのではなく、それなりに一生懸命やっているのに、なぜかミスが起きてしまう。それはなぜなのか、角度を変えて考えてみましょう。

仕事のキャリアが長くなってくると、それなりに自負を持つものですが、それを一度、見直してみてください。例えば、次の例を見ると、ドキッと心当たりがある方も多いのではないでしょうか。私も自分を戒めようと思います。

＊仕事のミスが少ない⇩　間違っていてもミスに気付かない
＊長年同じ仕事を繰り返している⇩　仕事に慣れすぎている
＊仕事を苦労しないでこなせる⇩　気軽な気持ちで操作している
＊いつもの仕事だからスムーズにできる⇩　フレキシブルな対応力に弱い
＊仕事の内容をよく知っている⇩　記憶だけに頼って仕事することが多い
＊不必要なことはやらない⇩　気配りが行き届いていない
＊仕事を速く仕上げられる⇩　手順をつい手抜きしている
＊余裕を持って仕事ができている⇩　余分な遊びが多い
＊今の仕事だけに興味がある⇩　ほかのことに興味が湧かない分、視野が狭い
＊長時間の仕事にも耐えられる⇩　疲労で集中力が下がっている
＊仕事は体が自然と覚えている⇩　仕事のやり方を人に教えられない

このように、一見、自信を持った仕事の姿勢でも、ミスの芽をはらんでいることがお分かりいただけるでしょう。物事は表裏一体とも捉えられます。協調性があると思っている人は人の意見に流されやすかったり、調整力がある人は周りの状況を見ずに

仕切りたがったり、長所の裏側には短所も隠れていることを自覚してください。

つまりその逆も然り。ミスをしたとしても、しっかり反省し、プロセスを見直すことでプラスにつなげることができるのです。

「常識」「今までも」という思い込みを疑え

あなたが自信を持って、または何も疑わずに「これでいい」と思っているやり方は、本当に最適でしょうか？　これでOK、あれはNG、という判断はあなた自身の常識が大きく影響しています。

自分なりのやり方には、常識という「思い込み」によって多くのミスの芽が潜んでいます。

たとえば、必ず携帯電話を持って行動する人、携帯電話は持たずに行動する人、常識は人それぞれです。そして、特別な機会がない限り、その常識をわざわざ疑ったり、変えたりしようとはしません。自分の常識とはそんなものなのです。

あなたの仕事のやり方は、あなたが常識と思い込んでいるだけで、もっと良い方法が見つかるかも知れませんし、ミスが出ていないだけでミスの芽が潜んでいる可能性もあります。ルールを守ることが常識だからと、ルールを見直すことなど考えもしないやり方は、今や時代遅れかも知れません。

ペーパーレスが常識のＩＴ業界からメーカーに転職した人が、転職先の職場では書類すべてを紙の状態で配布していることに驚いたそうです。業界の常識は、異業種では非常識なこともありますし、常識は時代によって変わっていくものです。

前任者から引き継がれたやり方を、「今までも」こうしていたから、と何も疑わずにやっていることはありませんか？「常識」「今までも」を疑い、改善点がないか見直してみてください。

常識というのは、スタンダードなやり方で、ミスも起こりにくく、人を不快にさせることは少ないというのが「常識」ですが、そんな常識も思い込みに過ぎない側面があります。常識に縛られていては、新たな道はなかなか切り開けません。ミスを起こしたくないあまりに、常識的にやろうという人も多いと思いますが、あなたが思う常識の中にも改善点はきっとあります。頭を柔らかくして、常識や前例、ルールに縛られず見直してみることで、成果の大きさは変わってきます。

「〇〇のはず」という感覚は死角

日頃の仕事は、だいたいの感覚で行っていると思います。ベテランならなおさらでしょう。ミスを防ぎたい、とすべての事に対して細かく確認をするのは現実的ではありませんが、特に重要な仕事では、「感覚」という死角を見逃してはいけません。

この仕事はここでミスが起きたら大変なことになる……と薄々不安を覚えながらも、大丈夫だろう、合っているはず……、そう自分に言い聞かせてしまうのが、心の死角です。感覚はあくまで感覚で、不確かなものです。

運転中、時速80㎞くらいで運転しているつもりが、ふとメーターを見たら、時速１〇〇㎞も出ていた……。人間の感覚とはそんなものです。

「いちいちミスを心配していられない、自信を持って仕事をすればいい」というのも正解ですが、その「自信を持つこと」が、単なる「感覚」では、ミスのリスクが大きいのです。

忙しい時、重要な仕事ほど、「大丈夫なはず」「合っているはず」と、「〇〇のはず」のままにしてはいけません。「〇〇のはず」は、必ず確認をして「大丈夫だった」「合っていた」をしっかり自分の目で見届けることです。

また「頑張ったから」という感覚も、非常に危険が含まれています。頑張ったという感覚には充足感が含まれるので、結果をしっかり確認することなく、大丈夫という錯覚を起こすことがあります。大丈夫の根拠に「頑張ったから」はあり得ません。事実は「頑張ったけれど、結果は正しいかどうか分からない」のです。分からないことは、まず確認することが基本の基でしたよね？

今までの仕事の進め方より、確認作業が増えることになり面倒と感じる人もいるかも知れません。でも、重要な仕事を進める中で、あれ、大丈夫だったかなあ、とちょっとした不安を心の隅に抱えながら仕事をするよりも、確認の上、大丈夫！　と心に一点の曇りもない方が、自信を持って仕事ができるので、自然と成果も大きくなります。

言葉に出すことで、自分を律する

「よし！　ミスを防ぐために毎日○○をしよう」と心に固く誓ったものの、気が付けば、○○を全然していなかった……。心の中で、さまざまな誓いを立てても、いつの間にかなし崩しになっている。そんな経験が皆さんにもあると思います。
そんなことにならないための方法があります。

より良い自分を目指すために、たくさんの決め事をした場合、ひとつひとつのことは簡単でも、すべてを自分で律していくのは、なかなか精神力がいるものです。私も恥ずかしながら、あれこれ決め事をしたけれど……という体験をずいぶん繰り返してきました。そこで、自戒の念もあり、またコンサルタントの先生の助言もあって、仕事の面では、社内で「事業発展計画発表会」を開催することにしました。毎年1回、会社の方針と自分の部署の目標を、社員と関係者の前で発表するのです。

自分の心の中だけで決め事をした場合は、誰にも知られていないことなので、途中で負担を感じた時に、つい諦めてしまいやすくなります。せっかく自分のプラスになるからと決めたのに、安易に諦めるのはもったいない。また、決めたことを頑張ったから成果が出ている、と思っても、本当に理想とした結果なのかはどうしても曖昧になりがちです。

しかし、人の前でしっかり「言葉」を使って決め事（目標）を発表することや、決め事を数値化することで、全うしやすくなります。

「事業発展計画発表会」は、翌年に結果と新たな目標をまた発表することになるので、「頑張ります」「努力します」というような曖昧な表現では目標になりません。ミスを少なくすることを目標に決めたのなら、たとえば、「○○を徹底することで、今まで月に○件来ていたクレームを、○件まで少なくします」といった数値化した発表をします。それにより、途中経過も分かりますし、達成できたかどうか明確に分かります。数値化することで、きちんと証明できるので、ただ頑張りました！　より達成感が高まり、喜びも大きいのです。

「頑張った」と自分で思えることは素晴らしいことです。しかし、人間の感覚の「頑張った」は現実を擦り替えてしまう危うさがあります。数値化した目標を立てていないと、「頑張った」ということだけに自己満足してしまい、実際には結果が伴っていないことが多々生じます。それでは成長はできません。

結果を突き付けられることは、厳しくもありますが、数値化したものを目指すことや、そういう覚悟と行動力を示すことに意味があります。そして、たとえ達成できなくても、それを目指す過程に何かしら学びがあり、成長へつながっていきます。

人間は不思議なもので、公言すると、それを守らなくてはという意識が高まります。有言不実行の自分はやはりカッコ悪い。いい意味で人の目を気にすることが、原動力となるのです。

人の前で発表する機会がない職場も多いと思います。そういう場合は、あえて人の目に触れるところに、自分の目標を書いて張っておくという方法もあります。人の目を意識することが大きな力となるはずです。

「後工程はお客様」と考える

あなたが担当している仕事には「後工程」が待っているはずです。私たちの会社のメンバーの一人は、その「後工程はお客様」と思って仕事をするようにしていると言います。自分の仕事を次に渡す人がお客様だったら、自然に丁寧にミスがないよう心がけるようになる、という理由からです。そういう姿勢を持っているそのメンバーは確かにミスがほとんどありません。

東京オリンピック誘致の際も、日本のPRポイントに「おもてなし」を掲げたほど、日本人は「おもてなし」の心が根付いていると、ほとんどの国民が自負していると思います。「おもてなし」は相手に対する「心遣い」があってこそ。たとえば、エレベーターのドアが開いたら、他の人のために閉まらないようにボタンを押したり、洗面台の水しぶきを次に使う人のために拭っておいたりします。さらに、サッカーのワールドカップの際、日本人サポーターがスタンドのゴミを綺麗に片付けてから会場を後にした姿は、世界的なニュースにもなりました。

このように日本人は次の人のことを考える心を身に付けています。世界に誇れる日本人の心を仕事に取り入れようと、私も「後工程はお客様」という精神で仕事に取り組むようになりました。

またトイレで、トイレットペーパーが三角折りになっていることがありますが、どういう意味があるかご存知ですか？　日本の老舗ホテルが、掃除をした目印にしたことが発祥という説もありますが、もともとはアメリカの消防署で始まった慣習という説もあるようです。

消防士は火事が起きたら、一刻も早く消防車に乗り込み、現場に駆け付けなければなりません。迅速な行動が求められる中、トイレットペーパーの継ぎ目を探す時間を節約できるよう、必ず三角折りにして、紙を掴みやすくしておくようになったそうです。

出動が遅れることがないようにする工夫、これも後工程を考えてのことですよね。仕事の中には、こうしたちょっとした工夫ができる余地がいろいろありそうです。

次の人への心遣いや、気配りする文化を大切にし、常日頃から、「後工程はお客様」と思う気持ちで行動していけば、仕事の取り組み、人への接し方が変わってきます。するとミスは起こりにくく、成果が上がるようになります。

小さな声を聞き逃すな

私たちの会社では、製品にアンケートハガキを付けています。「今どき？　ハガキなんて、わざわざ書いて送ってくる人がいるの？」と思われるでしょう。それがたくさんのハガキを送っていただくのです。

アンケートハガキでお客様とつながることで、誰のための何の仕事をしているかが意識できて、仕事にたくさんの意味が生まれます。

それともう一つの利点は、お客様の声を製品の参考にさせていただけることです。多数寄せられたアンケートハガキの声を、製品やサービスに生かしている会社は数多くあるかも知れません。

しかし、私たちの会社では少数の声にも耳を傾けるように心がけています。たとえば、工具を収納し腰に付けるバッグで、「この部分がこうだったら、もっと工具が取り出しやすく、使いやすいのに」というような内容が届いたとしたら、それがたった1枚だけでも「なぜ？」と理由を見つけていきます。

建設マンにとって、工具が取り出しにくいと、取り出した時に落としてしまう可能性が高くなります。工具を床に落としたら、傷が付いてしまい、それは建設マンには許されないミスとなってしまいます。もし高所から工具を地上に落としてしまったら、床だけでなく、取り返しのつかない事故になりかねません。

私たちの会社では、建設マンが安全に仕事をできるよう、建設マンの動作・行動を研究した上で商品開発・製造をしていますが、建設マンとひと口に言っても、現場や作業は多岐にわたるので、私たちが見逃してしまっている部分を、アンケートハガキからきちんと拾っていかねばならないと思っています。たった1枚のハガキだとしても、わざわざ思ったことを書いて、ポストに投函してくださるのですから、その声は私たちの想像が及ばないことを教えてくださっている場合があるのです。

会社経営ですから、声のひとつひとつをすべて製品に反映できるわけではありませんが、小さな声から、「なぜなのか」と理由を考え、製品に生かすことは多々あります。先の例では、その製品を修正したことで、さらに使いやすい物になってミスを防ぐことができた上、結果として多くの方が購入してくださるヒット商品になりました。

日常の仕事や会議で、いろいろな意見が出ると、たくさんの大きな声は聞いても、小さな声は聞き逃しがちですが、その小さな声にも理由があります。

必ず「なぜ?」といったん耳を傾けること。また、あなた自身も多数とは違った意見を持っている場合は、自分だけの意見なんてと思わず、きちんと伝えていってください。そう考えたのには、ちゃんとした理由があるからでしょう。そういう姿勢によって、多くの人に関わるミスが防げるようになるだけでなく、仕事の質が変わり成果につながっていきます。

エンドユーザーの顔を思い浮かべてみる

私たちの会社ではアンケートハガキを実施しているとお伝えしました。

メールで連絡を取り合うのが主流の時代、手書きのハガキをポストに投函する手間を考えると、本当に頭が下がります。そして、1枚1枚筆跡の違うそれらのハガキを見ると、さまざまなお客様に支えられ、今の仕事があるとあらためて実感できて、感謝の念が深まるのです。

ハガキの内容は、当然クレームもありますし、ここが使いやすかった、便利になったなどのお褒めの言葉もいただきます。そのハガキは次の製品づくりの参考にさせていただいているのはもちろん、私をはじめ、メンバーにとって、仕事をする上の意識付けにとても力になっています。

後工程のその先にいる、会ったことのない人たちと商品やサービスを通じて「つながっている」「役に立っている」と日々実感することで、自分の心の中の命綱が自然と太くなっていきます。そういった人の顔を想像すると、とても手を抜く気にはなれないはずです。

エンドユーザーとつながれない仕事をされている方も多いかも知れません。それでも、誰かとつながっていることを実感できるよう、視点を遠くに向けて自分の仕事を深掘りしてください。

たとえば、金融関係の方なら、すべての幸せはお金では買えませんが、買える幸せもあります。一生の買い物のマイホーム、家族と行く海外旅行、夢を手に入れた人の嬉しそうな表情を思い浮かべるだけでも、お金がもたらすつながりを実感でき、仕事への取り組み方が変わってくるはずです。

コラム 私たちの会社のユニーク活動1　メンバー表彰

毎年1回、事業発展計画発表会を行っています。自分の目標が達成されたかどうか、また次の1年の目標を発表します。事業発展計画発表会自体は、珍しいことではなく、たくさんの会社で行っていることと思います。

私たちの会社は、発表会の後の懇親会で、表彰を行います。

表彰の内容は、毎年少しずつ変わるのですが、前回は、挨拶賞・そうじ賞・VMOS賞・カイゼン賞・成果賞の5部門でした。

私たちは大切にしたいことを5つの約束という言葉にして社内で共有しています。

1　挨拶すること
2　改善すること
3　言葉を大切にすること
4　事実を素早く報告すること

5　自分を一番愛すること

各賞の表彰理由は次のとおりです。

・挨拶賞・そうじ賞＝「挨拶」は人への礼儀でもあります。また、場所への感謝という意味を込めて、自分がお世話になるその場所を「掃除」というカタチで示していると考えています。基本の挨拶と掃除、それを日々丁寧にしている人

・VMOS賞＝「VMOS」とは、V（ビジョン）、M（ミッション）、O（オブジェクト）、S（ストラテジー）のこと。個人でビジョンを掲げて行動した結果、人間性が大きく成長した人

・カイゼン賞＝会社の成長のため、私たちの会社の文化とも言える改善活動を積極的に推進した人

・成果賞＝仕事における新しい目的を掲げ、大きく成果を生んだ人

各賞にふさわしいと思うメンバーの投票を事業発展計画発表会のひと月前から始めます。投票用紙には、ただ名前を書くだけでなく、評価する理由も記入して投票します。

そして、発表会当日に、メンバー全員の前で具体的な投票理由をスライドで映し出して投票結果を発表していきます。

アカデミー賞の授賞式みたいにとは言いませんが、本格的に授賞式の雰囲気を演出するのです。司会者は、緊張の面持ちでマイクを握り、

「では、『挨拶賞』の発表です！　投票理由は……、『いつも目を見て名前を呼んで挨拶してくれる！』『いつも同じ笑顔がすばらしい！』。受賞者は……！」

そして、ファンファーレが鳴り、「○○さんです！」と発表します。メンバーからの割れんばかりの拍手が起こり、また次の賞の発表に進んでいきます。

大人になるといろいろなことが「デキて当たり前」となって、人に褒められることが少なくなります。でも、どんなに大人になっても「承認欲求」はすべての人にあると私は考えています。承認されれば、自己肯定感が高まり、自信がついていくことで

行動が変わっていきます。

「人の幸せ4原則」を、私が尊敬する日本理化学工業の会長であり、福祉家であった故・大山泰弘先生はこう言われています。

1・人に愛されること
2・人に褒められること
3・人の役に立つこと
4・人に必要とされること

表彰のあとに「○○さんの表彰が自分の表彰より嬉しかった」と日報に書いてくれたメンバーがいます。「人の幸せ4原則」は、私たちの会社でも根付き始めていると確信させてもらえる。そんな機会が、懇親会での表彰式です。

コラム　私たちの会社のユニーク活動2　委員会活動

テニス部やゴルフ部のようなスポーツを一緒に楽しむ社内クラブがある会社は多いですが、私たちの会社には、委員会活動があります。そう言うと、学校みたいと驚かれます。スポーツを一緒にやるのも、委員会も目的は一緒。同僚の仕事の時とは違う一面を見て、同僚の人間性を自然と深く知ることで、いい連帯感を生むことです。

＊委員会その1　カイゼン委員会

我が社の文化とも考えている、より良い職場環境づくりのための改善活動。各部署でやっている改善の結果を集計して、メンバー全員に共有するために集計表を張り出したり、改善活動の報奨金「カイゼン小切手」の発行を行ったりしています。改善は小さなことの積み重ねですから、パッと見て変化が分からないことも多いので、委員会としてその結果を目に見える形で意識付けてくれる、ありがたい存在です。

＊委員会その2　コイビト委員会

これは独身のメンバーに、誰かをお世話しようというお節介な活動ではありません。私たちの会社にとって、お客様はとても大切な存在です。その関係を「恋人」に見立てて、お客様が喜んで、ずっと私たちの会社を愛してくださるようなおもてなし（営業）やプレゼント（製品）はどんなものがいいかを考える活動をしています。

＊委員会その3　ハピネス委員会

お誕生日会、忘年会など、さまざまな社内イベントを企画運営する委員会です。一般的な会社では、福利厚生として総務部が担当していると思います。内容は福利厚生のための行事と同じかも知れませんが、総務部の枠を越えてイベントが好きな人が積極的にやってくれるのでとても盛り上がります。せっかくこの会社にいるのだから、メンバー全員に少しでも「ハッピー！」と思ってもらいたい、そんな気持ちでハピネス委員会と命名しました。

第5章

ミスを防ぎ、成果を上げるチームワーク

一人でやる仕事などない

仕事で追い込まれると、自分だけが大変で、孤独な気持ちに苛まれることがあると思います。しかし、どんな仕事も一人では成り立ちません。フリーの人は一人で仕事をしている意識があると思いますが、どんな仕事も、そのプロジェクト自体は、他の会社の人など、複数人が関わっているのではないでしょうか？

私たちの会社の経営理念は「他社より良品を、他社より安価にて提供し、共に栄えるを念じ、お客様に安心と信頼を得ること」です。

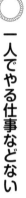

この中の「共に栄える」という部分では、お客様と会社との関係だけではなく、従業員一人一人を含めて、製品に関わる全員と共に栄えたい、という願いが込められています。

仕事とは、たくさんの人間がつながって成り立っているものです。私たちの会社の場合、お客様の手に渡る製品は当然どれも完璧にできています。どういうプロセスを経ても、検品を通った製品は見た目が同じ「完成品」なのですが、それでも、完璧に完成するまでの過程に関わった人全員が、完成するまでのプロセスの中で、些細なことから一つでも学び、やって良かった、面白かったなど、プラスの気持ちを持って製品を送り出していることを理想としています。全員の気持ちがこもったものは目に見えない部分で、さらにお客様の満足度を高めると信じています。

それを私に教えてくれたのはあるメンバーの言葉です。「私たちはたくさん商品を作っているけれど、お客様はその中からたった一つを選んでくださるのが、本当にありがたい」。そう何気なく言うのを聞いて、ハッと気付きました。

私たちの製品は同じ型番を大量生産して日本全国に出荷し、店頭に並べていただいたり、ネット上で販売したりしています。お客様は、私たちの会社の製品だけでなく、他社の製品とも見比べた上で、購入してくださる。その奇跡のようなご縁をもっともっと意識するべきだった……。お客様へも、そのメンバーにも胸が熱くなる思いがしました。本当に日々勉強です。

すべての製品に関わるすべての人が心を合わせ、心を通わせ、みんなで栄えていく……。それは夢物語に聞こえるかも知れませんが、そんな心意気が、製品を通して直接的だけでなく間接的にも、多くの幸せをもたらすと本気で思っています。

私がそんな心意気を持っていられるのも、メンバーをはじめ、支えてくれるたくさんの人のおかげなのです。建設現場に営業に行った時、建設マンの駆け引きのないありがたい言葉をもらったことは一生忘れられません。


仕事の関係でお付き合いする人は、仕事の時間だけの接点だけで、その人自体には特に興味を持たない。そんなドライな風潮もありますが、仕事相手一人一人に、人生があり生活があります。プライベートをさらけ出し、深い付き合いをしなさいということではありません。共に栄えるために、関わる人すべてを大切に考えることです。そのプロジェクトの全体の空気は変わって、目に見えないところもプラスになっていきます。

ミスを防ぐにも、自分一人の力では限界があります。一人だけで頑張ろうとしないで、仲間の力も借り、そして、あなたの力も貸して、みんなで成果を上げていくことをはっきりとイメージしてください。

効き脳診断

人の性格や個性は十人十色。さまざまな色が会社や仕事を彩って成り立っていると思うと、とても興味深いものです。

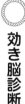

人事において私が参考にしているのが、ハーマンモデル理論による「効き脳診断」です。これは能力の成績表ではありません。一人一人の思考特性（特徴）を示すもので、簡単な設問により、脳の分析をして次の４つのタイプに分けられます。

Ａ　論理・理性脳（論理的・批判的・原理原則・ビジネスライク・数量的）
Ｂ　堅実・計画脳（規則・納期重視・組織的・計画的・リスクヘッジ・保守的）
Ｃ　感覚・友好脳（親密的・共感的・社交的・人的問題を優先・感情的）
Ｄ　冒険・創造脳（新奇性・コンセプト重視・冒険的・アイデア生成・起業家精神）

誰にでも「利き腕」や「利き目」があるように、脳にも「利き脳」＝「効き脳」があります。効き脳の違いによって、物事の捉え方や考え方がそれぞれ異なり、言動も行動も異なるのです。

自分の効き脳に合った仕事であれば、ストレスが少なく、高いモチベーションで集中しやすく、仕事の成果を上げやすくなります。

自分の特性を知るだけでなく、同僚の特性を知ることで、相手をより理解しやすくなり、コミュニケーションが円滑に運ぶようになります。


私は「冒険・創造脳」の中でも冒険の部分が突出していて、パートナーである常務の妹は「堅実・計画脳」です。

違いが摩擦を生むのではなく、お互いの短所を補い合い、お互いの特性を場面場面で生かせていけるので、最強のパートナーです。違うタイプに生まれたことに感謝しています。


タイプが違う人間がチームにいると、「理解できない」「合わない」という先入観を持つ人が多いのですが、タイプが違うからこそ、バランスが取れて、一人では発揮できない大きな力が生まれます。むしろ、ありがたい存在と捉えて仕事を進めてください。

たとえば、感情論に走りやすい「感覚・友好脳」の人の判断ミスを、「論理・理性脳」の人が冷静に見つけてくれることもあります。また、「論理・理性脳」の人がビジネスライクでコミュニケーション不足のためチームにヒビが入りそうなところを、「感覚・友好脳」の人が、メンバー同士の架け橋になって仕事が円滑に進むようになることもあります。タイプが違うからこその利点です。

では、タイプが同じだと問題があるのかと言えば、そういうことではありません。同じタイプなら話も早く、目的に向かってモチベーションも高まりやすく、パワーアップできるでしょう。ただし、同じような欠点を持つことからミスが起こりやすくなることを心に留めて、お互いに気を配ることを怠らないようにしてください。

自分で自分を決め付けないこと

自分はこういうタイプだから、仕方ない、変えられないと決め付けている人がいますが、それは違います。

効き脳診断を定期的に行っていると、脳のタイプが変化するメンバーが多いことが分かります。ハーマンモデル理論では、脳のタイプは「先天3割、後天7割」と言われるほど、環境やトレーニングによって変化していくのです。

最初は、苦手だったり、無理と思っていたりした仕事が、続けているうちに面白さを感じて、いつの間にか天職、適職のようになる場合があります。それは、脳が変化している証拠です。いろいろな体験をすることが、脳をカタチ作っていくのです。

たとえば、希望の部署に配属されず、「この仕事は私には向かない」と決め付けて、やる気を失くしてしまうのは、とてももったいないことです。やってみなくては何事も分かりません。自分が向かないと思うことにチャレンジしてみたら、自分では気付かなかった才能や嗜好の引き出しが開いたりするものです。

たとえば有名スポーツ選手が、引退後にテレビキャスターとして活躍している姿を見ると、人間の才能は、実にたくさんの可能性を秘めていると感じます。もしそのスポーツ選手が、引退後にキャスターをやりませんか？　と誘われた時に「長年スポーツだけをしていたのですから、喋る仕事なんて無理です」と決め付けて断ってしまったら、眠っていた才能に気付かないままだったわけです。キャスターに転身した後のスポーツ選手の脳はきっと新しい経験から変化をしているでしょう。

自分はこういうタイプだからと、なぜか人は自分を決め付けがちです。

スポーツは向かないと思っていたのに、健康のために仕方なくやってみたらハマッた！　そんな例がたくさんあるのも同じです。


自分はミスが多いタイプと思い込んでいる場合でも、ミスを起こさないように心がけて、行動していけば、不得意だった部分が改善され、ちゃんと脳も変わっていきます。脳は変わっていくからこそ、誰でも理想の自分に近付ける。つまり成果を上げることができるのです。

お母さんメンバーに思うこと

私たちの会社には「お母さん」がたくさん働いています。正社員もパートさんもいます。子どもさんは急に体調を崩すこともあるので、遅刻や早退の回数も、他のメンバーに比べるとどうしても多くなります。そんな背景を敬遠しがちな会社もあると聞きますが、どうしてそんなもったいないことをしているのでしょう。誰にでも生活があるのですから、多かれ少なかれ家族に関する不測事態は起きるもの。それはお互い様とメンバー全員で補えば済むことです。

お母さんは家族のために、いつもアンテナを立て、自然と先を読んで行動しています。午後から気温が下がると聞けば、子どもが風邪を引かないように上着を持たせたり、子どもの笑顔が少なくなっていれば、学校で何かあったのではないか話を聞いてみたり……。

誕生日会、クリスマス会などを開いて、家族を楽しませる。学校の先生や地域のお母さんたちとのネットワークを築く。掃除、洗濯、料理、生活用品の管理、あらゆるところに目を配って実行する……。

母親として、家族の幸せを願い、対応力、予測力、企画力、交渉力、コミュニケーション力、管理能力、行動力など、さまざまな能力を日々発揮しています。

お母さんは、まるで３６５日24時間体制の「現場責任者」。自然に最強のキャリアが備わっているのです。特に先を読む能力と、柔軟性に長けていると感じています。

ある時、先代の社長が長年使っていた古い机の置き場所がなくなり、残念ながら処分するしかないとなった時、それを反対してくれたのもお母さんメンバーです。この会社の歴史をすべて知っている机を処分してしまって、初心を忘れることになってはいけないと、率先して一部の素材を生かして小さくリメイクしてくれたのです。

今も社長室の片隅に置いてあるその机を目にするたびに、経営者として身が引き締まる思いとともに、愛あるメンバーに恵まれていることに感謝の念を抱いています。

組織には様々な能力が必要です。

お母さんだけではありません。メンバーがそれぞれのプライベートでやっていることが、素晴らしい能力として、会社の中で生かされます。表面的なキャリアだけで人を判断せずに、それぞれを尊重すること。あなたが知らない部分で、誰もが素晴らしい能力を持っているはずです。

仕事は仲間を信頼し合ってこそ

建設現場では、仕事の最中に急に対処しなくてはならないことが起きたり、何かを急に頼まれたりしても、工具を持っているのでメモが取れません。騒音が大きくて指示の声が聞こえないことも多々あります。仲間とのコミュニケーションが物理的に取りにくい環境です。

それでも建設現場の仕事はきちんと進んで完成していくことに、私は感動を覚えます。では、どうやって建設マン同士は仕事中にコミュニケーションを取っているのでしょう。

それはアイコンタクトです。

先に確認する時には不確かな感覚に頼ってはいけない。目に見えるように書いたり、言葉にしたりして、念には念を入れて……とお伝えしてきましたが、その方法は建設現場ではやりたくてもできないことが多いわけです。

そこで建設マンはアイコンタクトをよく使います。心と心で会話をするアイコンタクトで確認し合えるのは、相手をよほど信頼している証拠です。危険が伴う現場で、仕事に対して身が入っていないような相手とは、アイコンタクトだけではとても恐ろしくて、仕事は進められません。常日頃からお互いに真剣に誠実に仕事に向き合っていることが分かり合えているからこそアイコンタクトが使えるのです。究極の信頼関係は、アイコンタクトできる仲なのかも知れませんね。

建設現場に比べ、仲間と言葉を交わして確認でき、忘れそうなことはメモをしておけるオフィスワークは、とても恵まれています。せっかくの恵まれた環境で、もっと仲間を信頼し合えたら、どうでしょう。意見交換が活発になりどんどん仕事の質も良くなってくるはずです。

では「信頼」とは何でしょう。信頼とは昨日今日で生まれるものではありませんよね。信頼できる人は、仕事の本質を忘れず、ひとつひとつ真剣に誠実に取り組んでいる人ではないでしょうか。その姿勢で仕事を続けるうちに、多くの信頼を得られるようになっていきます。

「ヤバいです！」と言い合える信頼づくり

ミスにはいろいろなタイプがありますが、一番悲しいミスだと思うのは、怒られるから、周りに迷惑をかけるからと、自分一人で仕事を抱え込んでしまい、ついにパンクしてしまう……。そういうミスだと思っています。

何度もお伝えしているように、一人だけの仕事などなく、何人もが関わっているものなのに、周りの人に相談することもできないでいると、ミスという結果を生んでしまう。そんなミスをした人を責める人もいますが、私はその人だけの責任ではないと思っています。

仕事の基本の基である「報告・連絡・相談」ができなかったことは、もちろんその人にも問題がありますが、そこまで追い込んでしまった「環境」は、一人だけのものではなく、そこに関わる全員のものです。

たとえば、人のミスを指摘するばかりの人、隣の人が大変そうにしていても自分の担当でなければ見て見ぬふりする人、キツい言葉を投げて自分のストレスを発散するような人……。そんな人が多い環境だったら、だんだんと心が固まっていき、仕事がパンク寸前だと、うすうす自覚しながらも、声を上げられなくなってしまう人が出てきやすい。

そしてけっきょく大きなミスが起き、そのチームの全員が影響を被る。そんな不毛なことはありません。

縁あって一緒にいる人たちと、お互いの信頼が築けている職場では、心を開いて安心して仕事ができます。相談したり、確認したり、意見を出したりすることに躊躇しないで済みます。

そういった仕事場には心地いい風が循環しています。

そんな環境を作るためには、まず自分が仕事に対して真剣な姿勢を見せることです。加えて、まわりの人たちと思い遣りを育み合わないと成り立ちません。チームスポーツも同じですよね。世界レベルで強いチームは、スポーツのスキルだけでなく、メンバー全員が人間性に優れています。

それでもアクシデントが起きそうになるのが仕事です。そんな時に、誰もが「ヤバいです！」と迷わず声を出せる。そして助け合えるのが、ミスが起きにくく、自然に成果が上がる環境だと思います。

何気ない姿勢がチームを変える

私たちの会社の命綱を製造している工場で、いつも命綱のハーネス部分を付けながら仕事をしている男性がいます。もちろん落下するような危険がある仕事場ではありません。それでも彼は、自社製品を身に付けることで、お客様の付け心地を体感して、誰のために何の仕事しているのか「本質」を意識しているのです。それをいちいち誰かにアピールするわけでもなく、毎日まるで制服のように着用し仕事をしています。

ハーネスを付けている姿は、まわりの人は見慣れているとは言え、否が応でも目立ちます。彼はオフィスワークですから、ハーネスを付けていない方が断然動きやすいことは間違いありません。それでも毎日ハーネスを付けている仕事への姿勢に、私はいつも頭が下がる思いです。彼の仕事の取り組み方だけでなく、職場にそれだけ意識が高い人間がいてくれるだけで、自然と全体の士気は高まるので、すごくありがたい存在なのです。しかし、彼はおそらく全体の士気まで意識して着用しているわけでなく、自分のためにと思って付けているだけでしょう。

職場の環境を嘆くばかりの人がいます。自分は頑張っているのに、まわりの人がやる気がない、いい加減だなどと、愚痴を言い出したら止まりません。それは、確かに残念な環境ですが、まずあなたが目に見えるカタチでやる気を見せるのも一案です。ハーネスを付ける彼のように、誰に言われなくても、頑張っている……。そんな姿はいつしか周りを変えていきます。あなたがまず「本質」を見つめた仕事のやり方をしていけば、時間はかかるかも知れませんが、必ず波動となって、士気が高まり、全体の成果も上がっていくでしょう。

一生懸命取り組んでいる人の隣で、怠惰にしていることはできません。大半の人は自然と自分を恥じて、変わらなければと思うものです。

誰も見てくれてなんかいない、などということはありません。誰かが必ず見ていてくれるはず。そんな信念でいることで、自分にもまわりにも良い風だけが吹くようになっていくのです。

ある日、ふと気が付くと、フレッシュな新入社員の2人も、ハーネスを付けて仕事をしていました。波動が届いた証拠です。

いろいろな人がいるから面白い

チームワークを発揮して、より良い成果を求める。それは誰しもが理想の状態と理解していると思います。しかし、仕事の上司、同僚、チームは自分が好きな人とだけ組めるわけではないところが社会の難しいところです。苦手な人とのコミュニケーションに悩んでいる人は多いでしょう。

人間は自分の価値観で「良い・悪い」「好き・嫌い」を判断します。仕事を一緒にしなければならない人の中に、嫌な人……と思う相手がいた場合、それがストレスになって悩んでいる人も多いと思います。苦手な人と接する時間が多ければ多いほど、気分が沈むのも分かります。しかし、自分の価値観と合わない人と仕事をすることは、社会ではどうしても避けて通れません。

私も若い頃は、人間関係に悩んだことがありました。そんな経験を繰り返すうちに、どんな出会いも学びのある「必然」だと気付くようになったのです。たとえ痛い思いをしたとしても、この経験には学びがあるはずだ、それは何だろうと考えるようになると、「好き・嫌い」という感情にいつしか振り回されなくなりました。

人は一人一人違った個性を持っていて、そのたくさんの個性によって成り立っているのが社会です。嫌な人、苦手な人がいた場合、自分の目の前にいる人への感情に捉われないで、まずは今の仕事を何のためにやっているか、視点を仕事の本質に向けてください。最終的な目的は、目の前の人のこととは違う所にあることに気が付きます。

そして、あなたにとって苦手でも、存在意義のない人はこの世に一人もいません。一緒に仕事をする人を、嫌だ、苦手だと思うだけでは、何ひとついいことは起こりません。

世の中には無数に人がいるのに、巡り巡ってその人と仕事をすることになったのは何かの「縁」です。きっと意味があるのです。価値観が違う場合は、あなたの価値観の幅を広げてくれるかも知れません。どうしてもその嫌な人の長所が見いだせない場合は、反面教師としてあなたを成長させるべく出逢った人と思うことです。

どんなシチュエーションもあなたの学びにつなげることができます。

あなたが自信を持っている考え方も、他人の価値観によっては、不満を抱かれているかも知れません。どんな相手にも謙虚な気持ちを持って、否定から入らず、それはそれとして認めること。コミュニケーションを円滑にできる方法はあなたの考え方ひとつです。

コラム 声に出す勇気、言葉で伝える勇気

大学院の新卒で名古屋から来てくれた女性メンバーのAさんがいます。優秀で、スペックが高く、性格もとてもいいので、何でもできる人だと勝手に思い込んでいました。期待を寄せるあまり、どんどん彼女の仕事量が増え、デザイン関連を中心に業務の幅も広がっていきました。同時に彼女の笑顔が減っていきましたが、まだ慣れず緊張しているからかな、と様子を見ていました。

ある日、Aさんが意を決したような表情で私のところへやって来ました。そして、「仕事をちゃんとやりたいけど、もっと業務の幅を絞って仕事をさせてください。自分はシングルタスクの方が得意なタイプです」と言ってくれました。

あるメンバーも彼女がオーバーワークになっていると見抜き、デザイン関連の仕事のキャリアがある自分の先輩を紹介してくれ、その女性Bさんが入社してくれました。

Aさん一人で背負っていた仕事を分担し、得意なことや学びたいことを広げ、それぞれがチームとして声をかけ合って動くように変わりました。そして、部門をさらに

強化するため、新入社員も加わり、今は3人体制です。Aさんはトレーナー役も務め、日々新入社員と関わっています。人を育てることと一緒に、自分のチームを大きく成長させようとしているように見えます。

そのチームは今まで会社でやれてこなかった分野にも積極的にチャレンジしてくれています。

一人で頑張ってくれていた時に比べ、Aさんの表情はずっと明るくなって、自分の意見をしっかり持ちながらも、メンバーと一緒に切磋琢磨してくれています。その姿勢は学びになりました。彼女が勇気を持って、しっかりと声を出して伝えてくれたから、気付けたことです。

オーバーワークだと声を上げたら信頼を失うのではないか。そんな気持ちで仕事を抱え込んでしまったら、当然ミスも出てくるでしょう。無理なものは無理と、勇気を持って声を上げることで、まわりも気付くことができます。環境を変えることができれば、むしろ成果が大きくなることもあるのです。

職場環境によっては、希望が必ず叶うかどうか難しいところですが、「オーバーワーク」＝「ミスの危険信号」を伝えることは、リスクヘッジにつながるので、少なくとも賢明な行動です。

第6章

ミスを防ぎ、成果を上げる改善のすすめ

ミスが起きるまでのプロセスに、改善ポイントがある

土台がしっかりしている家は強いという論理と一緒で、仕事の基礎を「改善」していくことでミスが起きにくい、しっかりした土台が築けるようになります。目の前の仕事に夢中になっていると、基礎を見直す機会がなかなかないと思いますが、意識して見直してみると改善点はどんどん出てくるものです。

私たちの会社では、改善コンサルタントの柿内幸夫先生に教えを請い、少しでもミスを防ぎ、成果が上がるように、さまざまな改善を行うようになりました。最初は、さらに仕事が増えるのでは？　とメンバーは不安そうな表情をしていましたが、今では率先して改善してくれています。

ミスをしたらどうしよう。そんな不安を払拭するためにも、常日頃から、自分の仕事の進め方や、まわりの環境を見回して、もっとこうしたら良いのでは？　と思うところをどんどん改善していきましょう。また、ミスを起こしてしまった時、振り返っ

てみると、あの時、あそこで、ああしておけば……など、ミスの原因となったポイントを思い出すものです。

しかし、毎日、それじゃなくてもたくさんの仕事があって、そんな余裕がない、まずは目の前の仕事を優先するしかない。そんな気持ちの人も多いと思います。

でも、ミスという結果を招いた場合、その対処に時間を取られます。ミスが起きてしまったら、「通常の仕事」＋「ミスの対処」と、ミスの状況によっては何倍もの仕事量をこなさなければならなくなります。人間には限界もありますから、増えた仕事量に対処するのは簡単ではなく、自然と仕事全体のクオリティが下がってきて、またミスをしてしまう……。そんなミスのスパイラルに陥る前に、改善でミスが起こりにくいよう基礎を強固にしていくのです。

「通常の仕事」＋「改善」をやったら、けっきょく仕事が増えて、うまくまわらなくなって、ミスを起こすのでは？　そんな心配はいりません。

改善といっても時間がたくさんかかるようなことではなく、ちょっとしたこと、「プチ改善」でいいのです。通常業務に支障が出ない程度に、毎日少しずつ、プチ改善を続けます。そのプチ改善は、いつしか大きな改善となって、心の命綱は太く丈夫になるのです。

改善は「不便」「やりにくい」「困った」から始める

毎日通る道に、石があちこちに散らばっているとします。石があるので歩きにくいなあ、と思いながらも、ちょっと石を除ければ歩けるので、わざわざ拾って動かさず、なんとなく歩いてしまう人が多いと思います。

でも実際は、石に注意して歩くのも面倒だし、けっきょく時間がかかってしまうし、その石に足を取られて転んで怪我をするリスクも高いですよね？

仕事の中にもそんな石があちこちにありませんか？　石による怪我は、仕事で言えばミスになります。いつもの仕事の中に石があっても、ちょっと除けて歩いているのは、ミスの芽を摘まずにいるのと同じです。

邪魔な石をひとつひとつ取り除いていくのが「プチ改善」です。大きな石をどかすのは一人の力では難しいけれど、小さな石を少しずつ取り除くことは誰にでもできます。少しずつ取り除いていているうちに、事故が起きにくく、快適に安心して歩ける道に変わっていくわけです。

石にはいろいろな種類があります。ひとつは「不便さ」です。まずはいつもの仕事の中で「不便だなあ」と思うところを洗い出してみましょう。

たとえば、オフィスワークでは、毎日使うパソコン。いつの間にかデスクトップには、たくさんのアイコンが並んでいませんか？　アイコンだらけの中から必要なファイルを取り出す際、あれ？　どこに入れたかなあ……、と不便さを感じていると思います。だったら、その不便さを改善しましょう。いつの間にかたくさん増えた、使っていないアイコンやファイルを整理する。そんなプチ改善から始めてください。たくさんのファイルを残したままにしていて、大切なお客様に、送ってはいけないファイルを送ってしまった。そんなケアレスミスが防げるようになります。

「面倒臭さい、やりにくいなあ」という石も取り除きましょう。大事な会議の日程調整をいちいち一人ずつに連絡してお伺いを立てている場合、「面倒臭さい、やりにくいなあ」と思うなら、前任者もずっとこういうやり方だったからという理由で踏襲することはやめにしましょう。世の中は新しいサービスが続々登場しています。プチ改善で、便利な「時間調整アプリ」を使うようにすれば、連絡するだけの時間が節約できる上、連絡モレのミスが防げます。そんな新しい方法をどんどん取り入れるのも改善です。

もうひとつ「困った」という石もあります。日付とサインを毎日数回しなくてはならない立場の場合、時間ばかりかかって「困った」と思うなら、日付が交換できる名前入りの印鑑を作って時間を節約する。そんなちょっとした困ったことの解消もプチ改善です。

個人での仕事の場合、チームでの仕事の場合、いろいろな「不便」「やりにくい」「困った」があると思いますが、まずは個人の仕事の範囲で見つけていき、その習慣ができたら、チーム、そして部署、会社と視野を広げて改善していきましょう。仕事上の石を片付ければ、プチストレスが減って、成果につながる快適な環境になるはずです。

改善はミスを防ぐためだけのものではない

プチ改善を「ミスを防ぐため」だけと捉えていると、ミスというワードに縛られて、あまり明るいイメージが持てず、「やらされている」＝ネガティブな気持ちになると思います。

遊びでも仕事でも、人から「やらされている」ことは、けっきょく続かない。そんな経験をしたことが皆さんもあるでしょう。

私はプチ改善を、我が社の目指す「人間力」の3番目、「自発的に学び、前向きに取り組み、本気で解決する能力」を養うために、とても役に立つと思っています。

プチ改善の一番いいところは、仕事の効率が良くなると共に、成果が上がることです。ミスが防げるだけでなく、成果も出て、一石二鳥の効果が得られます。成果が出れば、さらにやる気が出るもので、どんどんいい風が吹くようになります。

ミスの予防としてだけ改善点を探すのではなく、自分も同僚も会社もすべての仕事がスムーズに進むようにするにはどうしたらいいか、快適な環境になるためにはどうしたらいいか、そんな気持ちで改善点を見つけましょう。もっと「楽」できる方法はないか、そんな観点でもＯＫ。今までより効率的に仕事が運ぶようになります。

また、大きな改善点ばかりを探し、劇的なまでの効果を一気に得ようとするのは違います。もちろんそんな改善点が見つかればそれはいいですが、大きな効果ばかりに目が行くと、大切な基礎である足元が見えにくくなるものです。大きな成果も、ひとつのミスですべて台無しになることもあります。ミスというのは、ほんの小さな綻びからでも大きなミスにつながっていくということだけは、心に刻んでください。

プチ改善から、少しずつプラスに変えていく。その積み重ねがプラスのスパイラルを起こし、やがて大きな成果につながる。それが「改善」の目的です。

プチ改善を始めた当初、やや面倒臭そうにしていたメンバーも、今は当たり前のこととしてやってくれています。そして、「仕事がずいぶん楽になった」という声が聞こえています。

プチ改善貯金を続けるために

プチ改善を2、3度やるだけなら簡単ですが、ずっと続けるとなると話は変わります。目の前の仕事を片付けているうちに、気が付けばやっていない……。そんなことになりがちです。

続けるためには、ミスを防ぎ、成果を上げるという目的をしっかり意識して、自分にご褒美を与えることが継続の力となります。

たとえば、自分で1か月間に10のプチ改善をすると決めた場合、毎日目にするパソコンに付箋を貼り、そこに正の字を書いてカウントしていきます。中が透けて見える貯金箱はお金が溜まっていく様子が分かるので、中が見えない貯金箱より嬉しく感じませんか？　この「プチ改善貯金」も同じで、自分がどれだけプチ改善ができたかを自分の目で確認できるようにしてみてください。

そして、目標を達成したら、ちょっと贅沢なレストランのランチに行ってみたり、一度飲んでみたかった高級コーヒー豆を買ってみたりして、プチご褒美を自分に与えることでモチベーションを高めます。ちょっとした贅沢も、普段は、若干後ろめたい気分になるものですが、何かをクリアした上の贅沢は、心置きなく満喫できるものです。

ミスを防ぎ、仕事の成果につながる作業と言っても、ひと手間増やすわけですから、それには「楽しみ」も一緒に持つこと。時にはちょっとしたご褒美で自分を甘やかすくらいの気持ちが長続きのコツです。

そして、そんなプチ改善活動をしていることを、どんどんアピールしてください。言葉にすることで三日坊主も避けられますし、誰が聞いても、簡単で自分のためにやってみたくなる活動ですから、プチ改善の輪が広がります。あなたが管理職なら、ぜひ部下に広めて欲しいと思います。

私たちの会社では、毎月、各部署での改善の数をみんなが目にする場所に張り出し、改善数によって、ささやかですが「カイゼン小切手」という名の報奨金を出しています。その使い道はもちろん自由です。

3つの視点で考える

多くの人は、ミスなどしたくないのは当たり前のことですから、ミスしないように気を付けて仕事しています。それでも、仕事のプロセスにまったく気が付かない死角があって、そこでミスが起こってしまうことがあります。その死角にはたくさんのプチ改善ポイントが隠れているはずです。

プチ改善することは、ミスを防ぐだけでなく、成果にも表れることなので、たくさん探して変更したいですよね。それには死角を見つけられるよう、なるべく自分の視野を広げ、たくさんの角度から見ていきましょう。

そのために、次の３つの視点を持つように意識してください。

1.「鳥の目」物事を俯瞰し、全体像を把握する視点。

⇩仕事のプロジェクト全体を見直して考えます。ひとつの所だけにマンパワーがかかって、ある所は手薄になっていないかなど、鳥のように全体を眺めて見てみましょう。

2．「虫の目」小さい虫の目のように、その場の状況を近くから細かく分析する視点。

⇩ひとつひとつの仕事を、細かく近くから見直して考えます。手順に無駄がないか、確認不足はないか、虫の目線のように細かく丁寧に見ていきましょう。

3．「魚の目」時流や流れを見ながら判断する視点。

⇩今までと同じことや常識を疑って考えます。時代遅れのやり方になっていないか、チームワークは乱れていないか、世の中は一定ではないので、流れの中を生きる魚のようにその時々を敏感に見てみましょう。

東京タワーを建設していた１９５０年代、命綱を付けている建設マンは少なかったといいますが、東京スカイツリーを建設した時は全員が命綱を付けることが当然になりました。１９８０年代にオフィスの常識になったワープロは今では製造中止となり、パソコンが常識です。世の中は常に動いています。

いろいろな角度、いろいろな距離、いろいろな状況から仕事を見直してみると改善点がたくさん見つかるはずです。

仕事の中の死角を発見し、気が付かなかった部分をプチ改善すれば、仕事の成果が上がるだけでなく、もしミスが起きた場合でも影響を小さく抑えられます。

視覚から改善する

ミスなく毎日の業務を遂行するために、建設現場では「安全第一」から始まって、注意喚起、工程表など、たくさん標識や看板が目に入ります。命に関わる事故が起きやすい現場ならではのミスを防ぐ施策、意識付け、それをオフィスワークの職場でも生かさない手はありません。

私たちの会社では、工場ではもちろんオフィスワークにも、注意喚起のポスターなど建設現場をお手本にどんどん取り入れています。プチ改善で気が付いて、新たにミスが起こりやすい場所に張り紙をしたり、重要ファイルのラベルをもっと見やすくしたりすることもあります。

最近は、カフェなのか、オフィスなのか見分けが付かないような、注意喚起の張り紙など1枚もない、スッキリしたお洒落な会社が増えています。その目的は、ストレスのない居心地の良さです。そんな会社で働きたい！　と思う人も多いでしょう。

私もプライベートでは、スッキリしたシンプルな環境を好みます。しかし、オフィスは、スッキリ、カッコいいだけでは、毎日、すべての人間がよほどの高いモチベーションを持続しない限りミスが起こりやすいと考えています。

人間ですから、自分の意識だけでミスを防ごうとしても、なかなか難しい。ミスが起きないようなモチベーションを保つことが大前提で、さらに視覚から入る注意喚起も取り入れた方が、ミスのリスクは減ると思います。視覚からミスを防ぐ改善です。

あらゆるところに、たくさん注意喚起のポスターなどがあっては、けっきょくその注意が目立たなくなって、埋没してしまいます。ここだけは！　というところに効果的に配置してください。オフィスのルールによっては、自由にできないこともあるでしょうが、自分の身の回りだけでも工夫することは可能ではないでしょうか？　後日、見直すべき書類には、目立つように付箋を付けておく。毎日、必ず目にするパソコンの隅にあなたの心の指針になる言葉を張っておいて、気を引き締めるなど、プチ改善の工夫はいろいろあるはずです。

ついつい忙しくて忘れてしまっていた用事を、カレンダーの印が目に入ってハッと思い出す経験が誰にでもあるでしょう。それと同じです。視覚から注意や意識付けを補強するプチ改善が、オフィスの命綱になって成果を上げる助けになってくれます。

誰が見ても分かるレベルの「見える化」を

視覚を使ってプチ改善をしていくために、どんどん「見える化」（可視化）していきましょう。

あなたは今、どのくらいの仕事を抱えていますか？　えーと、あれとあれと……と仕事のリストが頭の中にしかない人がいます。いつもだいたい同じ仕事だから、ちゃんと分かっているから大丈夫ということだと思いますが、本当に大丈夫でしょうか？それは、ミスの芽が顔を出しても、気付きにくい状態です。頭の中にあるだけで、リストにするなど目を使って確認しないまま仕事を進めるのは、命綱をしているつもりでも、肝心のフックが、単管（建設現場の足場）にかかっていないようなものです。

人間の感覚ほど不確かなものはありません。人間には大事な目があるのですから、「見える化」して、ミスが起きないように目を使って確認しないのは宝の持ち腐れのようなもの。まず、あなたの仕事のリストと工程表を作ってください。平行して複数の仕事を抱えている場合、忙しさのピークがかぶる時期が浮き彫りになって、そこはミスが起きやすい注意信号ということを認識しやすくなります。

また、手が空く時期もひと目で分かるので、そこはプチ改善を見つける時間を作ろうなど、計画も立てやすくなります。今までも自分なりの感覚で、計画を立てていたと思いますが、それがいかに曖昧なものだったか実感するはずです。

仕事の工程表は、ただ手帳に書くだけでなく、目に見えるところに張り出さないと、意味がありません。工程表を作ったことだけに満足してしまうと、目の前の仕事だけに気を取られているうちに、せっかく作った工程表を活用しなくなってしまうものです。工程表を常に目にすることで、仕事全体を間違いなく把握でき、ミスが防ぎやすくなるだけでなく、無駄な時間が生まれずに済みます。そうすれば、余裕のできた時間を有効活用でき、あなたの仕事の質は格段に上がっていくでしょう。

チームで仕事をしている場合は、全員の仕事のリストと工程表を作って「見える化」の輪を広げていきます。みんなでミスの芽をカバーし合ったり、お互いを補完し合う意識が高まります。誰かが急に休んでも、すぐに引き継げて仕事の停滞を起こしません。その他、それぞれが持っている知識や人脈なども「見える化」して共有すれば、一人だけで持っているより情報量が何十倍にもなって、大きな成果を生み出していきます。

整理整頓も「見える化」を意識する

自分のデスクはもちろん、オフィス全体の整理整頓はミスを防ぎ、無駄な時間を省き、仕事の成果を上げる基本の基です。

整理整頓されたオフィスで仕事をするのは誰もが気持ちよく、集中力が高まります。雑然と散らかったオフィスでは、無駄なストレスを無意識のうちに抱えてしまっているのです。
整理整頓もただ片付けるだけでなく「見える化」を意識しましょう。何がどこにあるか、どこに何がしまってあるのか、誰にでも分かるように改善していきます。

最初の一歩は不要品の見極め。不要なものはどんどん処分しましょう。後で使うことがあるかもと、引き出しに入りきらなくなった書類などを、キャビネットの上の段ボールに積み上げたりしていませんか？　しかも、その段ボールを一度でも開けたことがあるでしょうか？　保管期限があるものは別ですが、そうでない引き出しやキャビネットの中に入りきらない物は基本処分してください。デスクの上はパソコンだけ、キャビネットの上は何もない状態で、オフィス全体がすっきり見渡せるようになっていれば、重要書類をうっかりどこかに置き忘れてしまったとしても、すぐに発見できます。そして何より気持ち良く仕事ができます。

その他の「見える化」例

・無駄のない動線を考え、オフィスのどこに何があるか一目瞭然にする。

・オフィスのレイアウト図を分かりやすく作る。
・ファイルには仕事内容、日付など、分かりやすくラベルを貼る。
・共通のキャビネットにはどこに何があるか見えやすくラベルを貼る……など。

これらは今までも、ほとんどのオフィスでやっていることでしょう。しかし、ポイントは誰にとっても見やすく使いやすい状態にすること。ただ、名前を書くだけでなく、物によってはイラストやマークを付けるなどの工夫をするのです。ファイルひとつ、キャビネットひとつ、それぞれに目的があって、すべてが仕事の大切な枝葉です。そういった物も意味を深掘りして考えると、改善点がたくさん見つかります。そういった意識を持てば、効率的に正確に仕事ができるようになるので、自然と成果につながります。

失敗しても改善したことは良いことと認める

実際、そんなにプチ改善することを思い付くのか？　と思うかも知れませんが、本当に思い付くまま、低いハードルから気軽に実行していくのがプチ改善なので、「ちょっとやってみた」くらいの気軽な意識でやってみてください。不便な部分をプチ改善し、「便利になった！」と実感したら改善成功です。

わざわざ上司に変更の許可をもらわずにもできるようなことはたくさんあるはずです。「不便を無くす」＝「便利にする」という意識を常に持ち、みんなで使うファイルのラベルの字をもっと大きくする、インデックスを付ける、並べ替えるなど、どんなことでもOKです。便利は快適、快適は余裕を呼び、ミスを起こしにくくなって、成果を生むようになります。

しかし、不便と思うから改善した「変更」が必ずしも良い結果にならないことも出てきます。うまくいかなかった場合、後悔する必要はありません。やったことに意義があります。それは他人の改善にも言えること。せっかくやったのに責められる経験をしたら、やる気を失ってしまうでしょう。改善することは、結果はともあれ、褒められるべき行動です。

変更したからこその失敗からは、気付きが生まれます。「失敗は成功のもと」ですから、ダメだったら元に戻せばいい、というくらいの気軽さでどんどん試してみることです。「気付いて行動→気付きや失敗→より高い気付きと行動」という流れが改善のスパイラルです。行動あるのみ、行動から生まれた気付きは収穫です。けっしてあなたを裏切りません。

チームの改善活動は「ワイガヤ」で

プチ改善活動は大きな輪に広げていけばいくほど、会社全体の雰囲気が良くなっていきます。

プチ改善は、改善担当者を決めて一人、二人で取り組むのではなく、チーム全体、何人もで一緒に取り組みましょう。

そして、社員だけがやるという壁を作らず、パートさんも同じように参加した方が、たくさんの改善点が見つかります。同じ目的に向かっている仕事も立場によって、見え方が違うので、その力を結集した方が、より大きな成果に変わっていきます。違う立場の人間がプチ改善を考えることは、まさに、鳥の目、虫の目、魚の目です。

プチ改善のアイデア出しは、それぞれが黙々と静かにやるのではなく、チームで話しながら、意見を出し合いながらやる方が、改善点が見つかりやすくなります。

あれを変えたら、あそこも変えたほうがもっと良くなるのでは？　と、たくさんの意見が広がっていくのです。一度、改善した部分を、さらに変えてみたりもします。ひとつ改善すれば、それに対し必ず何かしらの結果が出ます。それをチームみんなで話し合い、「思っていたより、便利になった」「ミスが少なくなった」「もっとこうしたら？」「前の方がよかった、戻してみよう」など、ワイワイガヤガヤと「ワイガヤ」で効果を口にしていくと、自然に改善の輪が広がっていくのです。効果が出れば出るほど、遣り甲斐も生まれますし、みんなで見つけていくことで連帯感も強くなります。

このワイガヤをやれるのも、チームみんながお互いを信頼し、心を開いている証です。信頼し合って改善しているチームほど、成果が出やすくなると言えます。ワイガヤがたくさんの改善を生むのです。

メモを共有して意識レベルも「見える化」する

会議でたくさんの議論をした後、決定事項はどうやって共有していますか？　議事録の担当者が、参加したメンバーにメールで送った……。またはメンバーそれぞれがメモを取った……。それだけで本当に大丈夫でしょうか？

決定事項、それ自体はメンバーそれぞれがしっかり覚えているはずですが、その重要性、緊急性などは個人の受け取り方次第で、意識の差が大きく出るものです。

たとえば、議事録に「○○は極力早く送る」と書いてあることを、Aさんは「その日のうちに送る」と解釈しても、Bさんは「次の日までに送る」、Cさんは「3日以内に送ればいい」と違う受け取り方をしていることがあります。

頼んだ人にとって「極力早く」＝「その日のうち」と認識していた場合、3日後に送られたらそれはミスになってしまい、大問題です。意識のズレが出ないよう決定事項は極力具体的にしておくことが前提ですが、なかなかそうできない事柄もあるでしょう。

私たちの会社では、改善のひとつとして、会議の後は、各自のメモを共有するようにしました。少し手間になりますが、リーダーがメンバーのメモをチェックすることで、意識のズレを発見できます。そして、「あの話の最終目的はこうですよ」と解釈のズレを指摘し、調整することができるのです。

チームでやる仕事は、意識の統一が何よりも大切です。意識が違うと、Aさんがやっていることに対し、Bさんはもっと丁寧にやるべきだと不満に感じるなど、さまざまな摩擦が生まれ、小さなズレがやがて大きな亀裂になってしまいます。特に重要な仕事はそれぞれの意識を「見える化」して揃えると、大きく力が発揮できるようになります。

目には見えない意識でチーム全員の足なみが揃うのが理想的ですが、現実的に各自に任せたままでは、かなり難しいでしょう。リーダーが「見える化」という音頭を取るしかありません。

リーダーの仕事がひとつ増えるわけですが、重要な仕事に対して「みんな、本当に大丈夫だろうか」などと、不安を抱えることなく、安心して自分の仕事に集中できるようになります。

チームワークは、運動会のムカデ競争と同じです。一人でも歩幅が合わなければ転んでしまいます（ミスが出る）が、全員の歩幅が合えば良いタイムが出る（成果が上がる）のです。

師匠をたくさん持って視野を広げる

自分の視点、仲間の視点でどんどんプチ改善を進めながら、時には、第三者の視点も取り入れましょう。自分の視点だけでは、どうしても自分の知識や価値観、常識の壁にさえぎられてしまうので限界があります。

積極的に第三者の声を聞くことで、広い視野から改善点を見つけられるので、ミスの可能性はどんどん低くなり、成果はどんどん高くなります。

会社という組織では、経営コンサルタントの先生やマナー研修の先生などを外部から招いて指導を受けている場合が多いと思います。

私たちの会社では、命綱を作る生産ラインに、私たちが気付いていない改善点がないかどうか、長年食品業界で活躍されていた顧問に見ていただいています。なぜ同じ業界の方ではなく別業界である食品業界の方をお招きしているか。それは、新たな視点を勉強したかったことと、食品と言えば、わずかなミスが人命を脅かすことにつながる業界ですから、それは命綱を作る私たちの会社と本質は同じだと考えたのです。

また他にも、会社全体を見てくださる経営コンサルタントの先生にもチェックをしていただいていますし、人材育成コンサルタントの先生からは、仕事に取り組む精神面での勉強をお願いしています。先生方は、私たちの会社の命綱を太くしてくださる師匠です。

各先生方からのご指摘は、経営陣も従業員も気付かないことが多々あります。お叱りを受けることもありますが、ミスという結果を引き起こす前に、改善点を教えていただけることは本当にありがたく、自分の目だけではとても発見できない、鳥の目、虫の目、魚の目の素晴らしさを感じています。

個人の仕事ではこういったコンサルタントの先生を直接つけることは難しいと思いますが、それは心配いりません。

たくさんの本を読んでみる、セミナーを聴きに行ってみるなど、いろいろな視点を勉強し、視野を広げ知識を吸収することができます。経験値が高い先輩に積極的に素直にアドバイスをもらうなど、あなたの師匠になる存在はたくさんいるはずです。

あなたの行動次第で、お金をそれほどかけなくても、新たな改善点を見つける方法はたくさんあるはずです。特に本を読むことにかかるお金は、コーヒー2、3杯の値段ですが、一生の心の命綱を得られる場合もあります。

改善のための「勉強」と構えなくても、学生時代の友人と飲みに行って仕事の話を聞く、そんな今までやってきたような時間からでも、情報は得ることができます。友人との飲み会も視点を変えれば「異業種交流会」です。

自分と業種が違っても、仕事の基本はすべて通じています。いろいろな考え方、経験談を聞くことで、発見がたくさんあるでしょう。今までは、なんとなく、仕事の愚痴の言い合いのように思っていた飲み会の時間を、単なる愚痴の場にするか、自分を成長させるための時間にするか、それもあなた次第です。

コラム

私たちの会社の改善ポイント1　倉庫のショールーム化

もし、読者の皆さんが、今日から私たちの会社の倉庫で、製品の発送を担当することになっても、午後には独り立ちして仕事ができるはずです。

なぜなら、どの製品がどこに並んで置いてあるか、誰が見ても一目瞭然の、完璧な動線を考えた配置がなされ、分かりやすいレイアウト図が作られているからです。これは改善活動の賜物です。

お恥ずかしい話ですが、以前は雑然としていて、実際は倉庫担当者しか何がどこに置いてあるか把握できておらず、急に誰かが休んでも、他の部署の人間が手伝おうにも手伝いにくい状態でした。今思えば、私もメンバーも倉庫とは人様にお見せするものではないから、こんなものだという、勝手な常識、つまり「甘え」を持っていたのです。しかし、改善活動を始めてから、みるみる変わっていきました。

今の倉庫は、出荷アイテムを分析した上で完成したものです。どの製品が一番出荷率が高く、何と何の組み合わせが多いのかを吟味し、それに合わせて、製品を置く位置をすべて調整していきました。それにより、製品を見つけやすいだけでなく、効率の良い動線が確保でき、無駄な行き来がなくなったのです。

また、倉庫に入った時の様子も以前とは違います。倉庫ですから、段ボールも積んであります。それらで死角を作らないために、目線以上の高さには物を積まないように改善しました。加えて、製品名を書いたラベルも、以前より見やすく美しく書いてある上、製品の写真も一緒に貼ってあります。視覚を使うビジュアルと製品名のダブルチェックで取り間違いを防ぐ改善です。

これらたくさんの改善は、メンバーの自主的な発想と活動のおかげで行われました。ここは倉庫だと思わず、「ショールーム化」しようという意識に基づき改善していったのです。

通常業務があるので、すべてを美しく使いやすく改善していく時間を確保するのは難しく、毎日少しずつ残業をして、積み重ねていった結果、完成するまで約1年の年月がかかりました。根気のいる作業を文句ひとつ言わず成し遂げてくれたメンバーを誇りに思います。
このおかげで、製品の取り違えなどの発送ミスはほぼなくなりました。そして、苦労をかけたメンバーですが、彼らもまた、倉庫をショールーム化してから帰宅時間が早くなったと喜んでいます。

コラム　私たちの会社の改善ポイント2　不良品クイズ

毎日、決められたマニュアル通りに製品を作っているはずですが、不覚にも不良品が出てしまうことがあります。完成したたくさんの製品から、そんな不良品を見逃さないように必ず検品していきます。検品は不良品を出荷しないための最後の砦で、ごくごく稀ですが検品段階で不良品を発見することが残念ながらあります。誰もがミスをしたくない、するつもりもないと気を付けていても起こるのが、人間が仕事をすることの難しさです。

ある日、メンバー全員が毎日通る通路の目に付くところに、不良品が「不良品クイズ」として置かれていました。

「この商品のどこが不良品でしょうか？」と書かれています。一見、完璧な製品に見えます。クイズになっていることで、思わず「え？　どこだろう？」と手に取ると、その間違い箇所が製品に書いてあるのです。それは、微妙で目立ちにくい箇所でしたが、不良品は不良品。絶対に出荷してはなりません。

この不良品が、「不良品です。気を付けましょう」とだけ書かれて置いてあったら、どうでしょうか？　それほど心には響きませんよね。クイズになっているから興味を持ち、手に取るのです。

製造部門は「こんな不良品を作らないように気を付けよう」と思うでしょうし、検品部門は「こういう些細な不良箇所を見逃さないよう気を付けよう」と意識が刻まれていきます。

これは、ある女性メンバーが部門と部門のつながりを越えて、不良品を出さないようにと考えた改善です。その不良品が置かれた場所は、お客様も通るところです。人によっては、お客様の目に留まるところに、不良品を置くなんて、会社の信用にかかわるのでは？　と思う人もいるかも知れません。しかし彼女は「やってダメなら、やめたらいい」と思ったと言います。「不良品を出さないこと」「検品で見逃さないこと」が最重要と考え、行動してくれました。

それは、我が社の目指す「人間力」の5番目、「あるべき姿を描き、自発的に課題形成する能力」そのものです。

コラム 私たちの会社の改善ポイント3　不良在庫の「鬼退治」

製造業の場合、売れる！　と自信を持って作った製品が、思うような売れ行きにならず、不良在庫をたくさん抱えてしまうことがあります。品質は胸を張れる製品ですから、少しでもお客様の手元に届いて欲しい。そのままにしておくのではなく、販売する努力をしないとなりません。

私たちの会社では、不良在庫の置き場所に、「鬼」のマークを付けています。外部のお客様に倉庫に足を運んでいただく機会があると、「鬼」を見て「これは何ですか？」と聞かれます。

そうなのです。鬼が睨みをきかせているので、メンバーは、「鬼」＝「不良在庫」の存在を忘れるわけにはいきません。常に、売る努力をしようと意識することになります。もし不良在庫が、鬼のマークではなく、「不良在庫」と文字表記された張り紙ならどうでしょう。目立たないし、気の重い仕事ですから、なんとなく意識の中から流れてしまいませんか？

「鬼」の登場は、昔話の定番です。必ず最後に鬼を倒さねば、めでたし、めでたし、となりません。メンバーが力を合わせられるようにと、不良在庫を無くすための改善方法に、メンバーの一人が思い付いてくれたのが鬼退治でした。

それまでのやり方では減らなかった不良在庫を解決していくのは、厄介で億劫な仕事です。それに取り組むために、このユニークな発想は意識を変える大きな力を持ちました。

睨みがきいた鬼のマークに変更してから、鬼の成敗がはかどり、少しずつ不良在庫は減っていきました。めでたし、めでたし、となるまで、あと少しです。

ありきたりな「不良在庫」という張り紙を止め、「鬼を退治する」という発想に変換する。同じ目的でも発想次第で、成果が大きく変わるのです。

第7章

ミスが起きても、成果に変えていく方法

それでもミスが起きてしまったら

心も整えた、チームワークも強化した、改善もした……。でも、どんなに心の命綱を太く編んでも、想像もしないことが重なってミスが起きることもある。それが人生の現実です。

そのミスが、手を抜いて起こした結果と一生懸命やった結果とでは、同じミスでも意味合いは違ってきます。

前者のミスは、後悔してもしきれない後味の悪さが残ります。早めの小さなミスであれば、自分のあれが悪かった、あそこでああしておくべきだったなど、気付きを得て、繰り返さないように行動していけるかも知れません。むしろ、そうできれば称賛に値すると思います。次こそ嫌な後味を残さないよう真摯に仕事に取り組む。それしか次の一手はありません。

一生懸命仕事に取り組んだ結果のミスの場合、反省はしてもクヨクヨして立ち止まらないことです。結果よりプロセス重視です。ミスに至る原因はあったでしょうが、それ以上にそのプロセスでたくさんの学びを得て成長をしているはずです。一生懸命やってきた自分を信じてあげましょう。仕事は一生懸命取り組めば取り組むほど、ミスという結果になったとしても、次にリテイクを掛けるのが早くなります。

クヨクヨしていて立ち止まっては時間の無駄、また一生懸命やるだけです。反省を生かし、心の命綱をもっと太く編み直しているあなたを、誰かがちゃんと認めてくれます。

ミスの対処、どうしていますか？

ミスを起こした場合、あなたはどういう行動をとっていますか？　痛恨のミスを起こしてしまったら……。もちろん速やかに、謝罪と同時に報告・連絡・相談、そしてミスの対処をしないとなりません。

解決の方法は、業種や内容によってまったく違うので、ここでは言及はしませんが、解決の次に、もしくは同時に着手しなければならないのは、同じミスを二度と起こさないための施策です。

私たちの会社の対応ミスの事例では、製造部門でミスが起きてしまった際、製造ラインや、不良品の写真を何枚も撮って、関係各署にメールで送信しただけで、ミスを単に共有しただけになってしまったことがありました。

多くの写真を撮っただけで、ミスの重大さを受け止めて対策を取ったような錯覚を起こしてしまったのです。そのまま事態を収束させてしまいそうになったことは、深く反省すべき対応ミスでした。

オフィスワークではミスを起こしてしまった場合、始末書を真摯に書いたので、これからは自分も関係者も気を付けるだろうという、過信で終わらせてしまうことがあるかも知れません。

錯覚と過信をしたままでは、同じミスを繰り返す可能性が高いのは当然です。ミスを起こした場合、原因解明はもちろんのこと、何よりも大切なのは二度と繰り返さないための改善を必ず実行することです。

ミスを起こしてしまった本人は針のむしろの心境でしょうから、ミスを引きずりたくない、忘れたい、忘れて欲しいという深層心理に流されがちです。そして目の前には、やらねばならないいつもの仕事があるので、ミスを起こした原因を掘り下げず、改善することなく、次の仕事に進んでしまう……。そんな風に、ミスをミスのままで終わらせてしまったら、何も生まれないどころか、同じミスを繰り返すリスクがあります。

しかし、ミスはこれからの仕事の成果を上げるチャンスでもあります。

ミスが起こった原因には改善しなくてはならないポイントがたくさんあるはずです。ああすればよかった、こうすればよかったと思う点を、ひとつひとつテーブルに載せ、ひとつひとつ潰していくことです。

しっかり原因を発見し、改善することで、ミスを起こした人は成長するでしょうし、今まで以上に組織も効率が良くなったり、チームワークが高まったり、自然と成果に変わっていくはずです。

ミスを起こしてしまったら、謝罪と同じくらい重要なのは、ミスの原因を解明し、そして必ず改善を実行すること。そこまで徹底して行うことが、責任の果たし方と言えるでしょう。

仕事と仕事のつながりを見直す

仕事はあなたやあなたの部署だけで完結していることは、まず無いですよね。相手や、他の部署などとのつながりがあり、その先に、完成した形があることでしょう。ミスを起こした時、まず改善策を自分や自分の部署中心に考えてしまうと思いますが、つながりの前、つながりの先を含めて、見直してみることが大切です。

自分のところは、それで十分なやり方だとしても、前の段階でやっていることが、あまりに重労働になっていたり、自分のところでもうひと工夫してから先の段階へ渡せば、もっとやりやすいようなことがあったりするものです。それも含めて改善すれば、効率が良くなり、プロジェクト全体がもっと円滑に進んで効果が上がっていきます。部署が違うと、なかなかお互い具体的な話をする機会がない場合が多いと思いますが、一度、つながっている部署同士で、やっている仕事を同じテーブルに載せて、つながりを見直して改善してください。きっと、今まで知らない苦労や尽力を知り連帯感も生まれます。そういう交流が増え、部門を越えた信頼関係がプロジェクト全体、会社全体の命綱を太くしていきます。

自分に関連する部署のミスが耳に入っても、「担当じゃないから」と切り捨てたり、無関心になったりせず、一緒に改善に取り組むことで、相乗効果が生まれます。仕事も人間もすべてがつながりの上に成り立っているのですから。

そういう意識があれば、自分自身が恩恵を受けることもあるでしょうし、他の部署のミスを防ぐことが出来たり、結果として、自分もチームも会社全体も大きな成果につながるのです。

ミスを共有して、一緒に改善する

ミスを起こし、傷付いて落ち込んでいる人に対し、同じチームでも直接的に影響がなければ、見て見ぬふりをするのがマナーのような風潮があります。また解決さえできれば、その人の傷口に塩を塗るようで、わざわざ「○○さんがこういうミスをしました」とオープンにしないオフィスもあるでしょう。

しかし、それは優しい思い遣りでしょうか？　人間ですからミスを起こすことがあります。それを、ただ「ミスがあったらしい」で終わらせてしまうのは、実にもったいないことです。ミスに至る経緯には、あなたも想像できない盲点があったり、自分の戒めにもなったり、今後の仕事に生かせることがあったりするはずです。ミスを起こした人を責めるのが目的ではなく、同じ仕事をしている部署の全員でミスを共有して、なぜ起きたかを一緒に考えることです。

前述したように、ミスの原因を解明し、追究し、改善していくことで、その後の仕事の成果が変わります。せっかくの成長のチャンスを、ミスした人が可哀そうだからと、伏せておくのは、仕事の本来の目的とは違います。

そのミスから組織も働く人も共に成長し、成果につなげることができたなら、かえってミスをした人も救われると思いませんか？「ピンチはチャンス」という言葉のとおりに変えていくのです。

しかし、今までミスを共有していなかったオフィスで、いきなり共有した場合、ミスをした人はプライドが傷付いたり、少なからずショックを受けたりすると思います。そんな意識を変えていくためにはオフィス全員が、ミスの共有はそのミスから学びを得て成長するためという認識に、変わらなくてはなりません。ミスした人にも共有する意味をしっかり説明し、この認識を理解してもらってからミスを共有し、みんなで改善をしてください。誰もが気を付けていても、ミスが起きる可能性があることを前提に、感情は横に置き、ミスが起きた事実だけを捉え、淡々と原因解明と改善を実行することです。

自分がミスを起こした場合、なるべく多くの人に知られたくない、という心情が一般的です。その気持ちは、誰もが理解できるでしょう。それでも、自分のミスの原因が、他の人の仕事にも会社にも生かされることならば、積極的に共有することが、本当の謝罪の姿勢です。そこまでできるのが、我が社が目指す「人間力」の4番目、「世のため、人のため、自分の力を生かそうと行動する能力」です。たくさんの迷惑をかけてしまった人たちも、そんな勇気のある姿勢を認めてくれるはず。なかなか難しいけれど、それが目指すべき道だと思っています。

悪魔のささやきではなく、神様のメッセージを受け止めて

どんなに改善を重ねて、ミスが起きないように気を付けていたとしても、ミスは起きる時は起きるものです。神様、どうして？　と思う瞬間です。

その時、絶対にやってはいけないのは、事態の大きさに動揺し「人のせいにしよう」「隠そう」としてしまうこと。そんな悪魔のささやきを一度でも聞いてしまったら、そのまま魔界へ引きずり込まれ、後戻りができなくなることは誰でも理解しているはずです。

それでも人に責任を押し付けたり、隠蔽したりという選択肢を選んでしまう人がいるのは、なぜでしょうか。自分のミスで多大な迷惑をかけてしまう罪悪感、叱責を受け自分の居場所が無くなることへの恐怖、精神的圧力に耐えられない心の弱さ……というような理由でしょうか。

そんな風に、重大なミスのせいでまわりが何も見えなくなって、自分は「終わり」「破滅」だと考えてしまうのは、根本的に受け取り方を間違えているからです。

故意のミスは犯罪ですから、話は違いますが、一生懸命やった仕事上のミスで、人間として「終わり」や「破滅」にはなりません。

会社によっては、いわゆる左遷という異動を命じられることもあると思います。それでも、あなたはあなた、幸せになるべき人間として生きているのですから、終わりになどなりません。精神的な苦痛は伴うでしょうが、可能性は無限にあります。そこから先、どういう道を進むかはあなた次第です。

すべては、しっかり反省した上で、これからあなたがどう生きていきたいのか考え、あなたにとっての人生の本質を見つめ、行動するしかありません。精神的なショックを受けている時、人は孤独に感じるものですが、あなたの幸せを願い、応援してくれている人は必ずいます。その顔を忘れずに思い出してください。

ミスは毎回、意味のある教えを発信してくれています。

ミスは、それ以上大きなミスをしないよう教えてくれ、未来のあなたを守ろうとしてくれている、ちょっと痛みのある神様からのメッセージなのです。

すべては授かりもの

大きなミスを起こした時に、ミスは成長できるチャンスだと言われても、心をパッと切り替えるのは、そう簡単ではないことも承知しています。私自身も頭では分かりながら、心に定着させるのは時間がかかりました。

どうして……、なぜ……、あの時……。さまざまな思いが脳裏を駆け巡ります。どんなに後悔しても、時間を巻き戻すことはできません。一生懸命仕事をしてきたのに、こんなミスを起こしてしまうなんて、神様はなんと残酷な仕打ちを与えるのだ。そんな気持ちにもなると思います。

ある時、私はひとつの詩に出会いました。ニューヨーク市34番街の物理療法リハビリテーション研究所の壁にある「南部連合の無名兵士の詩」です。

大きなことを成し遂げるために力を与えて欲しいと神に求めたのに
謙虚さを学ぶようにと弱さを授かった

偉大なことができるようにと健康を求めたのに
思いやりを持てるようにと病弱さを与えられた

幸せになろうとして富を求めたのに
賢明であるようにと貧困を授かった

称賛を得ようとして成功を求めたのに
得意にならないようにと失敗を授かった

人生を楽しもうとたくさんのものを求めたのに
人生をよく味わうようにと平凡な人生を与えられた

求めたものはひとつとして与えられなかったが
願いは全て聞き届けられた

わたしはあらゆる人の中で
最も豊かに祝福されていたのだ

この詩を読んで、私は人生のすべてのことに意味があり、学びがあるということが、ストンと心に落ちました。

辛く深く傷付くことになったミスも「授かりもの」と考えられたら、謙虚にミスから学ぶ姿勢を持てると思います。すべてのことは、苦しくてもすべて自分自身の成長のため、と思うことで心は感謝で満たされます。

私は今でも、さまざまな場面でミスという結果に出会うたびに、もちろん辛い気持ちになって、落ち込みもします。それでも、前に向かって進めるのは、すべてのことが「授かりもの」と考えられるようになったからです。

あなたは「幸せになるため」にこの世に生まれて来たのです。ミスを含め、すべてのことが、あなたの成長につながっています。

すべてのミスは「成果」に変えることができるのです。

あとがき

私たちの会社がある兵庫県三木市は、日本で最初の「金物の街」と言われた土地。国宝級の建物を手がけてきた職人たちの道具を支えたのが、三木の鍛冶職人たちです。戦国時代には刀剣作りで栄え、江戸時代には、三木の大工道具は憧れの的でした。明治生まれの私の曽祖父・藤田友治郎も鋸職人となり、その道具は職人たちから抜群の評価を得ていたそうです。

その技術を生かして刀匠となった曽祖父の作品は、明治政府要人も愛用し、その一部は伊勢神宮、熱田神宮、高野山に奉納されるほどの逸品でした。

その後、私の両親が金物屋から出発したのが株式会社基陽です。父・藤田基弘は、毎日のように、話をしに来られるお客様の要望を聞いていたそうです。そこには、従来品への不満や、「こういうモノがあったらいいな」という声が含まれていました。

そして、刀匠の気概を継いで父が開発した「チップソー」は従来品の比にならないほどの切れ味が持続する逸品で、大人気を博し、会社の礎となりました。現在は販売していませんが、「お客様の声を聞く」というその姿勢は、会社の礎であり基本となって、現在につながっています。

仕事は日々新しい展開が生まれ、それだけに様々なことが起きるものです。当然、ミスが起こったり、うまくいかなかったりする時があります。頑張るしかないと分かっていても、下を向いてしまう日が私にもあります。

そんな時、曽祖父、祖父、父とつながってきた刀匠の気概を思い出すと、それが私にもつながって、支えられているのだと、先代たちへ感謝の気持ちが湧きます。

そして、私が社長職を引き継ぐ際、父からは「経営塾に申し込んでおいた」とだけ言い渡されました。それは父の性格を知る私にとって「おまえなら、できる」という言葉をかけてくれたのと同じだと信じています。どういう根拠でそう思ってくれたのか分かりません。それでも、その父の気持ちが私の心の命綱を太くしてくれています。どれも目には見えないものですが、時を超えて支えてくれる力になっているのです。

仕事も人生も、すべては「気」の「つながり」です。

人間には無くてはならない「空気」から始まって、元気、気遣い、気迫、心意気、景気、大気、運気……。

私たちの周りにはたくさんの「気」が取り巻いていて、それがつながって成り立っています。

だからこそ、仕事も人生も「気持ち」次第です。それが見えないバトンとなってつながって、どこかで誰かの気持ちに届くと信じています。

読者の皆さん、ここまでお付き合いいただき、ありがとうございました。

ミスという切り口で、私の体験から見えてきたことを気持ちを込めて書かせていただきました。皆さんの仕事や人生にひとつでもお役立ていただけたら幸いです。

小さなミスは良いと思っています。ミスから学ぶことを心がければ、自然と人生そのものが心地いい「気」に包まれていくはずです。

私はいつも「人の幸せ4原則」を忘れないよう心がけています。

人に愛されること
人に褒められること
人の役に立つこと
人に認められること

あなたの人生は、あなた自身のものです。

あなたがどんな人生を生きていきたいか、目指すところに旗を立ててみてください。

これからの人生のプロセスで、すべての経験が自分を磨いてくれますから、それを楽しみながら、私と一緒に走っていきましょう。


最後になりますが、応援してくださる皆さんのおかげで、この本を出すことができました。私たちに安全安心を提供してくれるカッコいい建設マン、現在、過去、そして未来のＫＨ（基陽）メンバー、二人三脚で共に走る山下典子常務、愛する真衣さん、恵実ちゃん、芙実ちゃん、優実ちゃん、丁寧に編集を進めていただいた自由国民社の今野さんとプロダクトマネージャーの小野さん、尊敬する日本経営合理化協会の牟田學会長に、心からの感謝を込めて。

『本日も、ご安全に！』

令和元年　7月

藤田尊子

藤田尊子（ふじた・たかこ）

株式会社基陽　代表取締役（建設用防災用具、安全工具、装具の企画製造）

１９６５年、大阪府生まれ。株式会社基陽を創業した両親の下に育つ。大学卒業後、証券会社勤務。その後、日本語教師（台湾~北京在住）を経て、２０００年、株式会社基陽（建設用安全保護具の企画製造）へ入社。２０１４年、代表取締役に就任。

株式会社基陽　主な受賞・認定歴

２０１４年　兵庫県成長期待企業認定

２０１４年「グッドデザイン金賞」「グッドデザイン賞」Ｗ受賞

２０１４年　中小企業庁「きらり企業セレクション未来の企業応援」認定

２０１７年　内閣府主催「女性のチャレンジ賞」受賞

２０１８年「グッドデザイン賞」受賞

２０１８年「ホワイト企業大賞　人間愛経営賞」受賞……他多数。

ミスを「成果」に変える

命綱を作っている女性社長の仕事術

二〇一九年（令和元年）九月五日　初版第一刷発行

著　者　藤田 尊子
発行者　伊藤 滋
発行所　株式会社自由国民社
東京都豊島区高田三―一〇―一一
〒一七一―〇〇三三 http://www.jiyu.co.jp/
振替〇〇一〇〇―六―一八九〇〇九
電話〇三―六二三三―〇七八一（代表）
印刷所　八光印刷株式会社
製本所　新風製本株式会社

出版プロデュース：
株式会社天才工場　吉田 浩
編集協力：小野 めぐみ
校　正：浅沼 理恵
装　丁：小口 翔平＋山之口 正和
(tobufune)
扉イラスト：ゆきち先生
イラスト素材提供：
ＰＩＸＴＡ（ピクスタ）
本文デザイン＆ＤＴＰ：
有限会社中央制作社